차 한 잔과 함께하는 사랑의 단상

오쇼 라즈니쉬 강의

이 춘 호 옮김

지식과교양

서문

처음으로 내가 오쇼에게 차(茶)를 드렸을 때 나는 많이 긴장해서 너무 빨리 차를 끓였다. 그것을 너무 빨리 찻잔에 부어 그에게 드릴 때엔 이미 차가워진 상태였다. 그는 그것을 우아하게 받아 들고는 지금까지 마셨던 차 중에 가장 맛난 차인 것처럼 마셨다. 그리고 그것의 온도에 대하여 아주 미묘한 언급을 했다.

이 책은 깨우침과 사랑으로 가득 차 있다. 영적인 삶을 갈구하는 모든 사람을 위한 깨우친 스승의 사랑과 연민이다. 오쇼는 자신의 길을 가며 그의 경험과 통찰을 나누고자 명상 속으로 더 움직이도록 우리를 권장하고 있다.

이 책은 오쇼가 그의 제자들과 친구들 그리고 사랑하는 사람들에게 쓴 365개의 편지로 구성되어 있다. 그는 1951년부터 1970년까지 전 인도를 여행하였다. 심지어 그는 대학 교수로 근무하면서 하루에 많게는 5번이 넘는 강의를 위해 많은 다른 도시를 방문하기도 하였다. 강의에는 50,000명이 모이기도 하고 때로는 소수의 사람들로 구성되기도 하였다. 때때로 사람들은 그에게 적의를 갖기도 하였으며 때로는 그를 숭상하기도 하였다. 이는 그를 단 2분간만이라도 홀로 내버려 두지 않음을 의미하는 것이었다. 사람들은 그의 발을 마사지 해 주고, 질문을 하고 그와 함께 있기를 희망하였다. 이 기간 동안 그는 명상 센터를 시작하고 명상 캠프를 이끌기도 하였다.

그러면서도 그는 짬을 내어 도중에 만난 제자들과 친구들에게 영적인 길을 계속 가기를 독려하는 편지를 썼다.

"나도 예전에 그러하였다. 나도 같은 길을 걸었다. 여러 번 길을 가면서 낙담하기도 하였다."

그는 "마음은 무엇인가? 어떻게 사고로부터 자유로워질 수 있는가?" 같은 질문에 대답을 하였다.

그에게 일어난 것이 우리에게도 일어날 수 있는가?

오쇼는 가능하다고 주장한다. 메시아 같은 아주 특별한 어떤 것으로써 자신을 지칭한, 그와 같은 사람은 어디에서도 찾을 수 없을 것이다. 대신 그는 우리들 내부에 있는 신성(神性)을 우리가 발견할 수 있도록 우리를 구슬리고, 설득하고, 충동을 유발시키고, 용기를 주고, 이끌고, 자극하고 심지어 부추기기도 한다.

사랑의 의미에 대한 어떤 지적인 전문용어 없이, 어떤 철학적 설명이나 심리학적 분석 없이 스승과 제자 사이의 드문 관계에 대한 이해가 모든 페이지마다 불에 타 버리기 전에 보이지 않는 잉크로 비밀을 드러내는 식을 통하여 빛나고 있다.

모든 편지는 맛을 보고 조금씩 음미하며 눈을 감고 깊이 생각해야 한다. 왜냐하면 각각의 편지는 커다란 가르침이고 내면의 신비로 가는 열쇠이기 때문이다.

"나는 완전한 축복 속에 있다."라는 구절은 책에서 눈을 떼지 못하게 만들었다.

그는 많은 사랑과 에너지를 소유하고 있었음에 틀림없다. 그렇지 않으면 어떻게 모든 사람을 사랑하고 인도 전역을 방방곡곡 여행할 수 있는 에너지를 가질 수 있었겠는가?

모든 사람을 위해 그토록 많은 사랑을 지녔음에, 인도 전역을 여행할 정도의 에너지를 지녔음에 틀림이 없다. 그는 "내 사람을 구하기 위해 그렇게 다녔다."라고 말한다.

나는 이 책을 읽는 내내 미소를 감출 수 없었다. 그가 가진 축복을 어떻게 언어로 표현해 놓은 그의 놀라운 능력에 대해 경이로움을 느꼈다. 그는 사랑에 빠졌다. 그는 모든 사람, 모든 것과 사랑에 빠졌다. 그것은 대단한 감염력이었다.

몇몇을 제외한 모든 응답자들의 이름은 생략되었다. 모든 편지는 '그'나 '그녀'가 아닌 '그대'나 '나'에게 전하는 것이다.

또한 몇몇 산스크리트 그리고 힌디 단어들은 번역 없이 그대로 사용하였다. 예를 들어, 사다나(sadhana, 정신적 수행), 리시(rishi, 수행자), 사마디(samadhi, 삼매), 니르바나(nirvana, 열반), 삼사라(samsara, 윤회), 릴라(leela, 유희), 산야스(sannyas, 출가, 고행자) 등이 그것이다. 이러한 단어는 올바르게 번역될 수 없다. 어떤 경우에는 적절한 영어 단어로 번역이 되기도 하였다. 왜냐하면 많은 수의 서양인들이 동양의 많은 경전 속에서 그토록 생생하게 발견한 영원한 진리에 자신들을 맞추기 때문이었다.

"사랑이 있을 때 시간과 공간은 사라진다."라고 그는 편지 중 하나에서 말한다. 그렇다. 이 책을 읽을 때 우리는 시간 없는 차원으로 들어가는 것이다.

마 쁘렘 슌요(Ma Prem Shunyo)

차례

차 한 잔과 함께하는 사랑의 단상

1962

1.

그대의 편지를 받았다.

그대는 얼마나 나의 편지를 사랑스럽게 갈구했는지.

나는 깊은 침묵 속에 빠져 있다.

나는 말하고 글을 쓴다.

그러나 나는 내면의 침묵에 들어 가 있다.

거기에는 어떤 움직임도 없다.

따라서 나는 한 번에 두 개의 삶을 사는 것처럼 보인다.

얼마나 드라마 같은가!

그러나 아마도 모든 삶은 드라마이고 이것을 알아챈다는 것은 독특한 자유로 가는 문을 여는 것이다.

행위 속에 아무 행위가 없는 것,
움직임 속에 정지해 있는 것,
변화 속에 있는 영원성,
그것이 진리이며
그것이 존재이다.
진정한 삶은 이 영원성 안에 있다.
모든 다른 것은 단지 꿈들의 흐름이다.
진리 안에서 세상은 단지 꿈이고
이러한 꿈들을 버리느냐 마느냐의 문제가 아니라
그것들을 인식해야만 한다는 것이다.

이러한 인식과 함께 모든 것은 변한다.
중심이 움직인다.
변화가 몸에서 영혼으로 발생한다.
거기에 있는 그것은 말하여 질 수 없고, 말해진 적도 없고,
앞으로도 그러할 것이다.
스스로가 그것을 아는 것 이외에 다른 방법은 없다.

죽음은 죽어감을 통해서만이 알 수 있듯이
진리도 자기 안으로 깊이 들어감을 통해서만 알 수 있다.
신이 그대를 이 진리 안으로 빠지게 만들기를!

2.

사랑.
나는 축복 안에 있다.

나는 오래 전부터 쓰고자 하였으나
많은 일들이 그것을 방해했다.
그러나 매일 나는 나의 축복을 보냈다.

삶은 정신적 수행이다.
그대가 그것 안에서 그대 자신이 그것과 더 많은 연관을 가질수록
삶은 더 신성(神性)이 된다.
빛은 어둠 속에 숨겨져 있는데
진리는 숨겨져 있다.
이것으로부터 진리추구의 즐거움이 시작된다.

나는 어떤 힌두 수행자가 한 말을 기억한다.
진리는 황금 뚜껑 아래 숨겨져 있다.
진리를 숨기는 황금 뚜껑은 우리 마음이다.
그 마음이 우리를 가린다.
우리는 그 안에 있다,
우리는 그것과 동일시한다,
그러므로 속박과 재생(再生)의 연속이란 고통을 겪는다.

그것 위로 일어나라,
그대가 그것과는 다르다는 것을,
홀로 있음이 축복을 가져다 주는 것을,
홀로 있음은 자유라는 것을,
출생과 죽음의 끝이라는 것을 의식하라.

우리는 참된 우리의 모습을 찾아야 한다.
이것이 유일한 정신적 수행이다.
그것은 이 정신적 수행을 야기하는 욕망을 통한 삶의 좌절이다.

욕망에 대해 주의하라.
그러면 무집착이 나타날 것이다.
이것은 저절로 발생하지는 않는다.
이것은 집착에 대한 의식으로부터 자연스럽게 발생한다.
우리들 각자는 자신의 집착을 의식해야 한다.
그렇게 자신을 유지해야 한다!
아무 것도 무의식적으로 행해지지 않는다.

만일 이것을 기억할 수 있다면
어느 날 우리 의식에 완전히 새로운 종류의 혁명이 발생한다.
신은 그대를 이 혁명으로 이끌 것이다.
나는 이것을 안다.

3.

그대에게 나의 존경을.
그대의 편지를 받고 나는 극도로 기뻤다.
지금까지 나는 아무 것도 쓰지 않았다.
그러나 명상 센터는 몇몇 친구들이 실험하고 있는 여기에서 시작되
었다.
내가 명확한 결과를 가질 때
글을 쓸 모든 가능성이 있다.

나 자신에 대한 나의 실험에 관하여 나는 확신이 있고 분명하다.
그러나 나는 그들의 유용함을 타인들에게 실험해 보기를 원한다.
나는 철학적인 방법으로 글을 쓰고자 하지 않는다.
내가 보는 방법은 과학적이다.
나는 어떤 심리학적, 초심리학적 실험에 기반을 둔 요가에 관한 어
떤 것을 이야기하고자 한다.
그것에 대해 주장하는 많은 환상적인 개념들이 있다.
이러한 것들은 논의되어야만 한다.
그러므로 나는 여기에 또한 실험을 하고 있는 것이다.
이러한 작업이
어떤 단체나 원인을 홍보하고자 하는 것이 아닌 것은 내게 명확하다.

그대가 이곳에 온다면
우리는 이것에 대해 더 이야기 할 수 있다.

4.

그대에게 나의 존경을.

그대의 애정 어린 편지에 감사를 보낸다.

그대는 명상을 하고 있는데 그것은 즐거운 것이다.

명상을 통해 무엇인가 얻겠다는 모든 생각을 버리고

자연스럽게 그것을 행하라.

무엇이 발생하든지 그 자체로 발생하는 것이다.

어느 날 노력 없이

모든 것이 저절로 발생하기를 시작할 것이다.

노력이 명상으로 이끌어 주지는 않는다.

실제 그것은 방해이다.

노력, 연습, 연구에는 긴장이 있다.

어떤 기대, 심지어 평화에 대한 기대조차도 불안정을 야기한다.

긴장은 사라져야 한다.

이것이 발생하자마자

신성한 평화가 자리하기 시작한다.

'내가 그것을 하고 있다'라는 느낌을 멈추어라.

대신 나를 자연의 손에 맡겨 두어라.

자신을 내려놓아라,

그대 자신을 완전히 내려놓아라.

그대가 이것을 하자마자 텅빔이 찾아 올 것이다.

"숨 쉬는 것과 육체는 이완되고 있다."라고 그대는 말할 것이다.

이것은 마음에도 해당된다.

마음이 사라질 때 발생하는 것은 설명 불가하다.

나는 이것이 그대에게 둘 다 발생할 것이라는 것을 안다.

목적 없이 자연스럽게 가라.

곧 내가 거기에 있을 것이다.

그 때까지 내가 그대에게 행하도록 말한 것을 행하며 조용히 가라.

모두들에게 나의 존경을.

쓰고 싶을 때엔 아무 때나 쓰기를.

나는 완전한 축복 상태이다.

5.

사랑.

그대가 내면의 빛을 발견하는 쪽으로 움직이고 있다는 것은 신의 은총을 통해서이다.

그 빛은 반드시 그곳에 있고

그대가 그것을 만나면 삶의 모든 어둠은 사라진다.

모든 조치가 내면에서 취해지고

어둠의 층이 한 꺼풀 한 꺼풀 벗겨질 것이다.

그러면 모든 것이 새로운 빛의 세계가 펼쳐질 것이다.

이 경험은 모든 속박을 부순다.
그러면 그것이 거기에 결코 없었다는 깨달음을 얻게 될 것이다.
해탈은 영원히 자유로운 것에서 발생한다.

나는 그대의 발전에 기쁘다.
오래 전에 그대의 편지를 받았다.
그러나 나는 너무 바빠 답장하는 것이 늦었다.
그러나 그대에 대한 나의 기억은 빛으로 나아가고자 하는
열정과 더불어 항상 거기에 있다.
그대가 잘 되기를 바라는 내 소망은 그것들 쪽으로 항시 흐르고 있다.

우리는 계속 움직여야 한다.
여러 번 우리는 길 위에서 좌절을 겪는다.
그러나 궁극적으로 갈증 섞인 순례길은 우물로 인도한다.
실제 물은 갈증 이전부터 거기 있어 왔다.

모두에게 나의 안부를.

6.

그대에게 존경을.
지금 거주지에서 멀리 떨어져 있으나 그대의 편지를 여기서 받았다.
그대의 편지를 받아 기쁘다.

나는 삶이 축복으로 가득 차 있음을 안다.

일반적으로 우리는 이것을 볼 수 있는 눈을 가지고 있지 않다.

그러므로 우리는 그것을 빼앗겨 버렸다.

그러나 이러한 봄(見)은 만들어 질 수 있다.

아마도 '만들어 질 수 있다'라고 말하는 것은 옳지 않을 것이다.

그것은 이미 거기에 있었다.

그것을 바라보는 눈을 갖느냐 마느냐의 문제이다.

눈을 갖는다면 모든 것은 변한다.

명상은 이것을 얻게 해 준다.

명상은 평화, 텅빔을 의미한다.

이 텅빔이 거기에 있다.

그러나 사고(思考)의 흐름이 그것을 막고 있다.

사고가 멈추면 그것은 모습을 드러낸다.

사고로부터 자유로워진다는 것은 어려운 것처럼 보인다.

그러나 그것은 매우 간단하다.

마음은 매우 불안정하다.

그러나 그것은 아주 쉽게 안정될 수 있다.

이런 초월을 가능하게 해 주는 열쇠는 '지켜 봄'이다.

사람은 마음을 관찰하는 목격자가 되어야 한다.

사람은 그것을 지켜봐야 한다.

단지 지켜봐야 한다.

목격이 시작되는 그 순간,
바로 그 순간이 사고로부터 자유로워지는 순간이다.
이것은 다음에는 축복으로 인도하는 문을 여는 것이다.
그러면 온 세계가 새로운 세계로 함께 변화한다.

명상을 계속하라.
결과는 천천히 발생할 것이다.
그것에 대해 걱정하지 마라.
그것은 반드시 발생할 것이다.
모두들에게 안부를.

ㄱ.

사랑.
그대의 편지를 받고 나서 한참 지났다.
그대가 평화를 갈구하고 있다니 나는 행복하다.
그러나 그대가 뒤쳐져 있다는 생각을 버려라.
뒤쳐진 사람은 아무도 없다.

그것은 바로 전환의 문제이다.
물 한 방울이 모여 바다가 되는 것이다.
실제 물방울은 바다이다.
그러나 사람들은 그것을 알지 못한다.

그것이 유일한 분리이다.
명상의 텅빔 속에서 이 분리조차 사라진다.
명상은 삶에 있어서 정신적 수행의 중심이다.

사고과정은 천천히 줄어 들 것이다.
거기에 평화와 텅빔이 대신 자리할 것이다.
사고가 사라질 때
보는 자, 목격자는 볼 수 있게 되고
무의식의 복잡함이 사라진다.
이 복잡함이 속박의 원인이다.
처음에 그것은 돌처럼 단단해 보인다.
그러나 인내심을 가지고 훈련하는 구도자들은
어느 날 그것은 단지 꿈이었고, 훅~하고 부는
한 번의 입김에 지나지 않았다는 것을
알게 될 것이다.

명상이라고 하는 씨앗이
삼매(三昧, samadhi)라고 하는 꽃으로 피어나게 하라.
모두들에게 안부를.
나머지는 만나서.

1963

8.

그대들에게 존경을.

5월 내내 이동하다 보니 건강이 좋지 않아,

6월에 뭄바이, 꼴까따, 자이뿌르에서 진행 예정이었던 모든 프로그램이 취소되었다.

그대가 사마디 요가(samadhi yoga)를 수행한다는 소리에 나는 많이 기뻤다.

결과에 대해 걱정하지 마라.

단지 수행에 열중하라.

결과는 어느 날 발생할 것이다.

점진적으로가 아니라 아주 갑작스럽게 노력 없이 발생할 것이다.

그대가 알아챔 없이 그것은 발생할 것이다.
짧은 순간에 삶은 훌륭하게 다른 것이 된다.

나는 지금 바그완 마하비르(Bhagwan Mahavir)에 대해 어떤 것도 쓰지 않는다.
내 안에서 쓰게끔 만드는 어떤 충동도 없었다.
그러나 만일 그대가 나를 설득한다면 그것은 다른 문제가 될 것이다.
이것 이외에는 모든 것이 좋다.

9.

사랑.
여기 오는 길에 그대의 편지를 읽었다.
그것에 감동 받았다.
만일 삶의 진리를 알고자 하는 그대의 욕망이 강해진다면
오늘 갈구하는 것은
어느 날 깨달음이 될 것이다.
필요한 모든 것은 다른 것이 아니라 욕망을 태우는 것이다.
강물이 바다를 향해 나아가듯이,
사람도 진리를 발견하기를 원한다면
어떤 봉우리나 산맥도 그를 방해할 수 없다.
실제 그들의 도전은 모험에 대한 그의 의지를 일깨워준다.
진리는 모든 사람의 내면에 존재한다.

강물은 바다를 향해 가야 한다.

그러나 바다는 우리들 안에 있다.

그것 없이 수많은 사람들이 여전히 갈증에 허덕인다는 것은 경이이다.

실제 그것들은 그것을 실제 원할 수 없다.

예수는 다음과 같이 말하였다. "구하라, 그러면 얻을 것이다."

그러나 그대가 구하지 않는다면 그것은 누구의 잘못인가?

신을 얻는 것보다 더 나은 협상은 없다.

우리는 단지 물어야 한다.

물음이 강해지면 강해질수록 나중에 사라지기 시작한다.

구도자가 마침내 사라지고 질문만이 남아 있는 시점에 도달했다.

그것이 바로 깨달음의 순간이다.

진리란 내가 없는 곳에 있다.

이 경험만이 신성한 경험이다.

자아의 부재는 신의 현존이다.

거기 있는 그대 모두들에게 안부를.

10.

그대에게 존경을.

그대의 편지를 기다리고 있는데 마침 도착했다.

그대의 삶이 빛으로 가득 차기를 진실로 희망한다.

왜냐하면 그대는 그대 자신을 신에게 맡겼기 때문이다.

신과 빛은 항상 밀접한 관계이다.

그것은 어느 개인이 눈을 뜨느냐 마느냐의 문제이다.

눈을 떴을 때 우리는 본연의 우리가 된다.

그것은 속눈썹과 눈 사이의 거리이다.

아마도 그것보다 더 가까울 것이다.

눈은 항상 떠 있으나 우리는 단지 그것을 알지 못한다.

옛날 이야기가 있다.

어느 물고기가 바다에 대한 이야기를 오래전에 들었다.

그 물고기는 바다에 대해 안달이 났다.

그러던 어느 날, 그 물고기는 물고기 여왕에게 물었다.

"바다란 무엇이고 어디에 있습니까?"

여왕이 놀라 물었다.

"바다라고? 왜지? 그대는 이미 바다에 있다.

그대의 바로 그 존재, 그대의 바로 그 생명이 바다에 있다.

그대 안에 있다.

바다는 그대의 모든 것이다.

그러나 바다에게 그대는 아무 것도 아니다."

이런 이유로 그 물고기는 바다를 볼 수 없었다.

이러한 이유로 우리는 신을 발견할 수 없다.

그러나 텅빔으로써 우리는 그를 찾을 수 있다.

텅빔 속에서 우리는 그를 만날 수 있다.
왜냐하면 신은 텅빔이기 때문이다.

나는 축복 속에 있다. 혹은 나는 이처럼 말할 수 있을 것이다.
"축복만이 존재한다 그리고 나는 존재하지 않는다!"

11.

그대에게 존경을.
그대의 편지를 받았다. 나는 그것을 기다리고 있었다.
라즈나가르(Rajnagar)로 가는 여행은 축복이었다.

요가 본연의 정신을 빼앗긴 종교는 단지 도덕성의 문제로 전락되었다.
그 때문에 영혼을 상실하였다.
도덕성은 부정적이다.
삶은 부정에 기반을 둘 수 없다.
부정은 삶에 자양분을 제공해 주지 않는다.

탈속이 아니라 깨달음에 초점을 맞추어야 한다.
무지를 포기하는 문제가 아니라 깨달음을 얻는 문제이다.
이것이 중심에 위치해야 한다.
수행은 긍정적이 되어야 한다.
이 정신적 수행은 요가를 통해 발생할 수 있다.

아짜르야 뚤시(Acharya Tulsi), 무니 슈리 나타말지(Muni Shri Nathamaljee)와 다른 사람들과의 대화에서 나는 이 점을 강조하였다.

이 점과 연관해 라즈나가르와 라자스탄에서 많은 편지들이 도착했다.

그대가 이야기했듯이,

그곳에 가서 행한 것들이 성과가 있었던 듯 보인다.

한 가지는 매우 명확하다.

사람들은 영적인 삶을 갈망하고

현재 형태의 종교는 그들을 만족시켜 주지 못한다는 점이다.

그러나 만일 올바른 종교가 그들에게 주어진다면

그것은 인간의식에 혁명을 일으킬 수 있다.

나는 그대를 생각한다.

신이 그대에게 평화를 부여하기를.

모두에게 나의 사랑과 안부를.

12.

그대에게 안부를.

그대의 모든 편지들이 제때 도달했다.

그러나 나는 바빴기 때문에 곧 답을 할 수 없었다.

대부분의 시간 동안 나는 밖에 있었다.

자이뿌르, 부르한뿌르(Burhanpur), 호샹가바드(Hoshangabad), 찬다(Chanda) 및 다른 곳에서 강연한 후 돌아 온지 얼마 되지 않았다.

사람들은 영적인 삶에 얼마나 갈증을 느끼고 있던지!

사람들은 종교에 모든 흥미를 잃었다고 몇몇 사람들이 말하는 것을 듣고 나는 놀랐다.

이것은 결코 그래서는 안 되는 것이다.

종교에 어떤 흥미도 가지고 있지 않다는 것은

삶과 축복 그리고 궁극적인 것에 대해 관심이 없다는 것을 의미하기 때문이다.

의식은 원래 신 지향적이다.

그것은 신을 얻는 것,

즉 사뜨찌뜨아난다(satchitananda)의 상태,

진리와 의식과 축복이 존재와 함께 하는 상태를 얻음으로써 만족될 수 있다.

씨앗의 형태로 사람의 내면에 숨겨진 그것은

종교가 탄생하는 바로 그 근원이다.

반면 특정 종교는 만들어졌다가 없어질 수도 있지만

종교 그 자체는 결코 소멸될 수 없다.

진리로 향하는 그대의 발전에 대해

그대가 인내심을 가지고 있다는 것을 알고 나는 기뻤다.

인내는 영적인 삶에 필요한 모든 것에 있어서 가장 중요한 것이다.

씨앗을 뿌린 후에 사람은 얼마나 오래 기다려야 하는가!

먼저 모든 노력은 낭비된 것처럼 보인다.

아무 것도 발생하지 않는다.

그러던 어느 날, 기다림이 끝나고 무엇인가 발생한다.
씨앗이 대지를 밀고 나와 식물이 된다!
그러나 아무 것도 발생하지 않는 것처럼 보여도
흙 아래에서 씨앗은 무엇인가 하고 있음을 기억하라.

구도자가 진리를 찾는 과정도 동일하다.
처음에는 아무 것도 발생하지 않는 것처럼 보이나
많은 것이 나중에 발생한다.
사실은 삶-에너지의 모든 성장은 보이지 않고 알 수 없다는 점이다.
단지 결과만이 관찰될 수 있고 발전의 과정은 보이지 않는다.

나는 축복 속에 있다.
나는 그대가 신에게로 조금 더 다가가기를 원한다.
결과는 잊어라, 단지 그대의 길을 열심히 가라.
결과가 스스로 오게 하라.
어느 날 사람은 놀랄 것이다.
"무엇이 발생하였는가!
나는 무엇이었나!
나는 무엇이 되었나!"
모든 노력이 무시될 수 있는 결과와 비교해 보라.

모두에게 나의 사랑을.

13.

그대에게 존경을.
방금 라자스탄 라즈나가르에서 돌아 왔다.
아짜르야 슈리 뚤시가 주최한 종교 행사에 초대받았다.
400명의 비구와 비구니 앞에서 나는 명상에 대한 실험을 행하였다.
결과는 아주 놀라웠다.

내 생각하건대
명상은 모든 종교 수행에 있어 필수적이다.
모든 다른 것들,
비폭력이나 부를 포기함이나 독신생활 등과 같은 것은
그것의 결과물이다.
명상의 절정인 삼매를 얻으면 이런 모든 것들은 저절로 따라온다.
그것들은 단지 자연스럽게 발생한다.
우리가 이 중심 수행을 잊어버렸기 때문에
모든 우리의 노력은 피상적이고 표면적인 것처럼 보인다.

진정한 정신적 수행은 단지 윤리적인 것이 아니다.
그것은 기본적으로 요가 수행이다.
윤리만이 부정적이다.
부정 위에는 아무 것도 지속적인 것을 지을 수 없다.
요가는 긍정적이다. 그러므로 기초를 형성할 수 있다.
나는 이 긍정적인 기초를 모두에게 전달하고자 한다.

1964

14.

사랑.

애정 어린 그대의 편지를 받았다.

나의 조언이 그대에게 감동을 주었다고 그대는 적었다.

내가 원하는 것은 그대에게 준 나의 조언의 울림이

모든 것이 침묵하고 비어 있는 공간 속으로 그대를 운반해 주는 것

이다.

이것은 말(言)에서 텅빔으로 이동하는 것이다.

거기서 사람은 참된 자아를 만난다.

나는 축복 속에 있다.

나의 사랑을 받아라.

나는 제공해 줄 아무것도 갖고 있지 않다.

그것만이 나의 유일한 재산이다.

사랑의 놀라움은 더 많이 나눌수록 더 부유해진다는 것이다.

진정한 부란 그런 것이다.

그것은 그대가 주는 만큼 성장한다.

만일 축소된다면 그것은 부가 전혀 아니다.

다시 적는다.

왜냐하면 그대만이 나의 편지를 기다리는 것이 아니라

나도 그대의 편지를 기다리기 때문이다.

15.

사랑.

명상 캠프로부터 되돌아오는 길에 나는 다시 도시를 떠나야 했다.

나는 간밤에야 겨우 돌아왔으나 내내 그대를 생각하였다.

그대 눈에 담긴 신에 대한 갈증을,

그대 마음에 담긴 진리에 대한 갈구를 나는 잊을 수 없다.

이것은 축복이다.

왜냐하면 이러한 괴로움을 겪지 않고는 아무도 원하는 것을 얻을
수 없기 때문이다.

갈증은 빛과 사랑의 탄생을 위한 전제조건임을 기억하라.

동시에 빛과 사랑은 신이다.

사랑이 한계를 가지지 않을 때,

그 불꽃은 연기가 나지 않고 신성이 된다.

나는 그대 안에서 이러한 성장의 씨앗을 보았고

그것은 커다란 기쁨으로 나의 영혼을 채웠다.

씨앗은 거기에 있고 지금 그것은 나무가 되어야 한다.

시간이 무르익어 가고 있다.

신을 깨닫는 것은 명상 없이는 불가능하다.

그러므로 그대는 용기와 인내를 가지고 지금 이것으로 향해야 한다.

나는 커다란 희망을 가지고 있다.

그대는 그것을 채울 것인가?

거기 있는 다른 친구들에게 안부를.

나는 그대의 편지를 기다린다.

빈 종이에 대해 내가 언급한 것을 기억하라.

모든 다른 것은 좋다.

나는 축복 속에 있다.

16.

사랑.

그대의 편지를 받았다.

그대가 말한 것은 나를 매우 행복하게 만들었다.

가슴 깊은 곳, 진심 어린 가슴으로 말한 것은 무한한 감동을 준다.

그것은 마치 조그만 꽃이 무한한 아름다움을 가진 것과 같다.

사랑이 말로 표현된다면

표현된 것은 말하여 진 것이 아니라 말하여지기를 원하는 것이다.

우리들 내면에는 시인이 있다. 거기에 시가 있다.

그러나 우리가 표면적인 삶을 살기 때문에

이것들은 결코 태어나지 않는다.

깊이 들어가는 자들은 신성한 사랑을 깨우고

이 사랑은 그들의 삶을 음악과 아름다움, 평화와 시로 채운다.

그들의 이 삶은 음악이 되고

이 무대 위로 진리가 내려온다.

진리는 음악이 있는 곳으로 내려 올 것이다.

그러므로 삶은 멜로디로 바뀌어야 한다.

오직 음악을 통하여 사람은 진리에 도달할 수 있다.

그대 역시 음악이 되어야 한다.

온 생애, 삶의 모든 세세한 행위조차도 음악으로 바뀌어야 한다.

이것은 사랑을 통해서 발생할 수 있다.

대상이 무엇이든지 그것을 사랑하라.
온 세상에 대해 사랑을 느껴라.
그대 내면에 음악을 가져다 주는
모든 것을 매 호흡마다 사랑으로 느껴라.
이러한 것이 발생하는 것을 본 적이 있는가?

이것을 보아라.
사랑으로 그대 자신을 채우고 보아라.
내면의 음악을 깨트리는 것은 무엇이든지
그것만이 비종교적이고, 그것만이 죄악이다.
음악으로 우리를 채우는 것은 무엇이든지
그것은 종교이고, 그것만이 종교이다.
사랑은 종교이다.
왜냐하면 사랑은 아름다움이기 때문이다.
사랑은 음악이다.
사랑은 신이다.
왜냐하면 그것만이 신을 얻기 위해 필요한 모든 것이기 때문이다.

나의 사랑을 거기 있는 모두에게 전해 주기를.
그대 옆에 있는 나의 사랑의 빛을 느끼기를.

17.

사랑.

그대의 편지를 받았다.

그대는 내 안에 내가 가지고 있는 평화를 갈구한다.

그것은 아무 때고 그대의 것이다.

그것은 모든 사람들이 가지고 있는 가장 내면의 가능성이다.

그것은 단지 발견만 하면 된다.

지하수가 흙 아래에 숨어 있듯이

축복은 우리들 내면에 숨어있다.

가능성은 모두를 위한 것이다.

그러나 그것을 파내는 자만이 그것을 되찾을 수 있다.

숨어 있는 보물을 파내는 것은 종교를 통해서 가능하다.

그것을 파냄으로써 그는 그 내면에 있는 빛의 우물에 도달할 수 있다.

나는 그대에게 어떤 식으로, 무엇을 가지고 파야 하는지 보여 주었다.

그러나 파는 것은 그대 스스로 해야 한다.

나는 그대라는 흙이 완전히 준비되어 있음을 안다.

아주 작은 노력으로 무한 샘물에 도달할 수 있다.

이러한 마음 상태는 가장 커다란 행운으로 얻을 수 있다.

그러므로 기회를 낭비하거나 놓치지 마라.

확고함으로 그대를 채우고

나머지는 신에게 맡겨라.

진리는 의지와 함께 하는 것이다.

쓰는(書) 것을 주저하지 마라.

그대를 위해 나는 많은 시간을 가지고 있다.

나는 나를 필요로 하는 사람들을 위해 있다.

내 삶에서 나를 위한 것은 아무 것도 없다.

18.

사랑.

더 많은 사랑으로.

나는 여기로 돌아 왔을 때 그대의 편지를 받았다.

그대의 말을 통해 그대의 열정을 느낄 수 있었다.

그대 영혼을 휘젓는 열렬함을,

그대 안에서 눈물로 변하는 갈증을 나는 잘 안다.

나도 역시 한때 그러했다. 나도 역시 그것을 겪었다.

나는 그대 가슴을 잘 이해할 수 있다.

왜냐하면 그대가 신을 탐구하기 위해 가야만 하는 동일한 길을 나도 걸었기 때문이다.

나도 역시 어느 날 격렬한 불로 변해버리는 갈망을 경험했다.

그 갈망은 스스로 태워버려야 하는 것이다.

그러나 이러한 태움은 새로운 삶의 탄생을 가져다 준다.

한 방울의 물이 존재하기를 멈추었을 때 그것은 바다가 된다.

명상을 통해 그대의 노력을 계속하라.

점점 더 그대는 깊은 곳으로 들어가야 한다.

그것만이 유일한 길이다.

그것을 통해, 그것만이 삶의 진리에 도달 수 있다.

기억하라.

만일 그대가 정신적 수행 안에서 완전히 녹아나고,

그것을 완전히 행하고 자신을 내어 놓는다면

그대는 진리에 도달 할 수 있을 것이다.

이것은 영원한 법이다.

신에게로 다가가는 어떠한 조치도 낭비될 수 없다.

그대들에게 안부를.

19.

그대에게 존경을.

그대의 편지들을 받았다.

나는 라낙뿌르(Ranakpur) 캠프에서 방금 돌아 왔다.

그것은 라자스탄에서 온 사람들을 위한 것이었다.

그래서 그대는 연락을 받지 못했을 것이다.

캠프는 5일간 지속되었고, 60명의 사람들이 참가하였다.

그것은 완전히 성공이었고

많은 것들이 일어났음이 명확했다.

결과에 자극 받아 조직위원회는 인도 전역을 아우르는 캠프를 계획 중이다.

그대는 거기 와야 한다.

그대의 명상이 진전을 이루고 있다는 소식에 기쁘다.

그대는 단지 침묵하면 된다.

침묵한다는 것은 모든 것이다.

침묵은 언어의 부재가 아니다.

그것은 사고의 부재를 의미한다.

마음이 침묵으로 내려가면

그것은 무한과 연결된다.

어느 것도 하지 마라.

단지 앉아서 사고의 흐름을 관찰해라, 단지 관찰해라.

이 단순한 관찰이 사고를 스스로 녹일 것이다.

이 관찰을 의식하는 것은 마음으로부터 자유를 가져다 주는 것이다.

사고가 끝나는 곳에서 의식이 있다.

이것이 삼매이다.

모든 친구들에게 사랑을.

1965

20.

사랑.

지난 밤

온 마을의 불이란 불은 전부 켜졌을 때 나는 생각했다.

"나의 소한(Sohan)도 불을 켰음에 틀림이 없을 것이고

그들 중에 몇몇은 나를 위해 밝히었겠지!"라고.

그리고 나는 그대가 밝힌 등불을 보기 시작했다.

그대의 사랑은 그것들을 항시 밝히고 있다.

나는 여기 다른 날 머물 것이다.

나는 모두에게 그대에 대해 이야기하였다.

그들은 그대를 만나기를 갈망하고 있다.

21.

사랑하는 이여!
그대의 편지가 사진과 더불어 도착했다.
그대는 진실로 단순하고 순진하게 보인다.
이러한 사랑과 헌신이라니!
사랑으로 정화된 가슴은 사원으로 변하고,
나는 이것을 명확하게 그대의 사진에서 볼 수 있다.
신이 이 단순하고 순진한 이를 성장하게 도와주시기를!

2천 년 전에 어떤 사람이 예수에게 물었다.
"누가 신의 왕국에 들어 갈 수 있습니까?"
예수가 어린 아이를 가리키며 말했다.
"어린 아이만큼 순진한 가슴을 지닌 자만이 들어 갈 수 있다."
거울을 놓고 그대 얼굴을 바라보라, 나는 이 이야기를 기억한다.

22.

사랑.
나는 방금에서야 여기 도착했다. 기차가 5시간 연착했다.
그대는 내가 여기 도착하자마자 편지쓰기를 원했다.
따라서 나는 지금 그렇게 하고 있다.
이 여행 내내 나는 그대를, 그대 눈에서 떨어지는 눈물을 생각했다.

이 세상에서 사랑과 기쁨의 눈물보다 성(聖)스러운 것은 아무 것도 없다.

이러한 눈물은 너무 순수해서 이 세상 것이 아니다.

비록 육체의 부분이기는 해도

그들은 육체가 아닌 듯 어떤 것을 표현해 낸다.

답례로 내가 그대에게 줄 수 있는 것은 무엇인가?

23.

사랑.

어제 여기에 도착하자마자 그대의 편지를 기다렸다.

비록 일요일이었음에도 불구하고 그대 편지를 계속 기다렸다.

오늘 저녁에야 도착했다.

그대의 편지는 얼마나 간단했는지!

가슴이 벅찰 때 말로 쏟아져 나온다.

필요한 것은 거의 없다.

사랑이란 바다는 주전자 하나에도 담길 수 있다.

사랑에 대한 경전의 경우도

네 개의 철자(love)를 아는 것으로 충분하다.

그대의 편지를 내가 몇 번이나 읽었는지

그대는 아는가?

24.

사랑.
오늘 아침 그대의 편지를 받았다.
사랑이란 꽃으로 그대가 짠 화환은 내가 잡을 수 있는 향기가 났다!
그리고 그대가 뿌린 사랑이란 덩굴은
내 가슴 전체로 퍼졌다!
그대의 사랑이란 눈물과 기쁨은 나의 눈에 빛과 힘을 가져다 주었
다!
이 모두 얼마나 축복 어린 것인가!

25.

사랑.
나는 축복 안에 있다.
그대가 나를 뭄바이에서 만난 것은 좋았다.
그대 안에서 진행되는 것을 보아서 나는 너무 기뻤다.
이것이야말로 사람이 어떻게 준비하고
진리로 나아가는 계단을 따라 어떻게 움직이는가를 보여주는 것이다.

사랑은 이중의 여행이다.
하나는 시공간을 여행하는 것이다.
다른 하나는 자기 내면과 진리로의 여행이다.

첫 번째는 죽음으로 끝난다.

두 번째는 죽음이 없다.

두 번째가 진정한 여행이다.

왜냐하면 그것은 그대를 다른 곳으로 인도하기 때문이다.

첫 번째 여행을 하는 사람들은 자신들의 삶을 낭비하는 것이다.

진정한 여행은 그대가 다른 여행을 시작하는 그날부터 시작된다.

참되고 좋은 시작은 그대 의식 속에 자리하고 있다.

나는 이것을 느낄 수 있는 축복으로 가득 차 있다.

26.

사랑.

여행에서 돌아오는 길에

그대의 편지를 기다렸다.

그것은 포도와 함께 도착했다.

그래서 이미 편지 내용으로 달콤한 서신이 더욱 달콤해졌다.

나는 축복 안에 있다.

그대의 사랑은 축복을 더욱 드높였다.

모든 사랑은 그것을 무한으로 만든다.

한 몸에 이토록의 축복이라니!

모든 몸을 그의 것처럼 느끼는 사람을 부러워하는 것 이외에 다른
사람들이 무엇을 할 수 있겠는가!

신이 그대로 하여금 나를 더욱 부러워하게 만들기를,

모든 사람이 나를 부러워하기를,

이것이 나의 기도이다.

27.

사랑.

풀밭 위 바로 그 같은 장소에 앉아 있었을 때

그대의 편지가 도착했다.

그 때 내가 생각하고 있던 것은

우리가 만날 때 이야기 해 줄 것이다.

무엇인가를 뒤에 남겨 놓는다는 것은

얼마나 향기로운 추억인가!

삶이 사랑으로 가득 찰 때

그것은 그토록의 축복이다.

삶에 유일한 빈곤자들은

그들의 가슴에 사랑이 없는 자들이다.

사랑 밖에 가지지 않은 사람들의 행운을 어떻게 묘사할 수 있는가!

이런 넘침의 순간에

사람은 신을 만난다.

오직 사랑만이 내가 신으로서 알고 있는 것이다.

28.

사랑.
그대의 편지를 받았다.
그대의 축복을 알게 되어
나 역시 축복으로 가득하다.
나에게는 이것이 축복이다.
모든 이들의 호흡 하나하나가
축복으로 가득 차기를 기도한다.
이것이 내가 생각하는 종교이다.

힌두 사원, 이슬람 사원, 교회에서 끝나는 종교는 죽은 종교이다.
죽음 너머로 가지 못하는 종교에서 말과 교리는 의미가 없다.
권위 있고 살아 있는 종교는
한 사람을 전체와 합일시키고
한 사람을 전체로 인도한다.
그대를 우주와 합일시키는 것은 무엇이든지 종교이다.
이 놀라운 만남과 통합으로 그대를 이끄는 감정은 무엇이든지 기도
이다.
모든 그러한 기도는 한 단어로 표현할 수 있다.
그것은 '사랑'이다.

사랑은 무엇을 원하는가?
사랑은 자신이 지닌 모든 축복을 나눠 주기를 원하는 것이다.

사랑은 자신을 모든 사람과 함께 나눠 주기를 원하는 것이다.

자신을 무조건적으로 준다는 것,

그것이 사랑이다.

사랑은 물방울이 바다로 흡수되듯이 자신의 존재를 전체에 헌신하는 것이다.

나는 이러한 사랑의 맥박을 느낀다.

그것은 감로(甘露)와 빛으로 내 삶을 가득 채웠다.

지금 나는 하나의 소원만을 가지고 있다.

그것은 나에게 발생했던 것들이 모든 이들에게도 발생해야 한다는 것이다.

거기 있는 모두에게 나의 사랑을 전달해 주시기를.

29.

사랑.

그대의 편지를 받았다.

어찌하다 손가락을 다쳤는지?

그대의 육체를 돌보지 않은 것처럼 들린다.

왜 마음의 안정을 찾지 못하는가?

꿈과 같은 이 세상에서 마음의 안정을 찾는 것이 가장 가치 있는 것이다.

평화란 가장 커다란 축복이고 가장 가치 있는 것이다.

그것에 대해 명상하라.

진리에 대한 인식이야말로 그대에게 내적 변화를 가져다 줄 것이다.

그대는 나를 돕기 위해 우다이뿌르(Udaipur)에 오지 않을 것 같다.

그것은 그대 마음이다.

올 수 있다면 오라.

올 수 없다면 개의치 마라.

그대는 나를 항상 도울 수 있다.

누군가의 사랑은 충분히 도움이 되지 않는가?

그대가 오지 않는다면 그대를 그리워할 것이다.

왜냐하면 우다이뿌르 캠프는 그대와 함께 하고자 하는 나와 연결되어 있기 때문이다.

따라서 그대가 오기를 나는 희망한다.

모두에게 안부를.

30.

사랑.

많은 사랑.

돌아오는 길에 나를 기다리는 수많은 서류 뭉치 가운데서 나는 즉시 그대의 편지를 찾았다.

손으로 쓴 그것을 발견했을 때

내가 얼마나 기뻤는지 그대에게 말할 수 없다.

그대는 썼다.

"지금 스승님의 현존이 스승님의 부재 속에서 느껴집니다."라고.

사랑이 있는 곳에서는

공간과 시간이 사라진다.

사랑이 없는 곳에서는

시간과 공간 안에 가깝게 있는 것조차 엄청나게 떨어져 있는 것처럼 느껴진다.

사랑의 부재는 분리이고,

사랑은 가까이 있음이다.

완전한 사랑을 찾은 자는 그들 안에서 모든 것을 발견할 것이다.

그 때 온 세계는 밖이 아니라 안에 자리한다.

달과 별은 내 마음 속 하늘에 자리한다.

사랑의 충만함 속에서 자아는 사라진다.

신이 그대를 이 충만함으로 이끌기를 희망한다.

31.

사랑.

어제 여기 도착했다.

도착한 이래 편지 쓰는 것을 계속 생각했었다.

그러나 지금까지 쓰지를 못했다.

미룸을 용서하기를.

비록 단 하루의 연기조차 작은 미룸이 아니지만 말이다!

귀환 여행에 대해 무어라 말할 수 있을까?

그것은 매우 축복이었다.

나는 내내 잠을 잤으며 그대는 나와 함께 했다.

그대를 뒤에 두고 떠난 것처럼 느껴졌으나

실제 그대는 항시 나와 함께 했다.

그대와 함께 함은 너무 생생해서 나누어 질 수 없는 것이다.

물리적 근접성은 가까이 있다고 할 수 없다.

그러한 단계에서는 합일이 일어 날 수 없다.

그것은 이어질 수 없는 간격이 있다.

그러나 육체의 영역이 아닌 다른 근접성이 있다.

그것의 이름은 사랑이다.

그것을 얻기만 한다면 결코 잃어버리지 않는다.

그러면 이 가시(可視) 세계의 광대한 거리임에도 불구하고

거기에는 어떠한 분리도 일어나지 않는다.

만일 다른 사람과 있음에도 불구하고

그대가 이 거리 없음의 상태에 도달할 수 있다면,

그대는 모든 사람에게서 그것을 발견할 수 있을 것이다.

하나는 문이고 모든 것은 목적이다.

사랑의 시작은 한 사람을 거쳐

모두에게 도달하는 것이다.

배제하는 것이 아무 것도 없는 모든 것과 그대가 합일되는 사랑,

나는 그것을 종교라 부른다.

아무데서나 멈추는 사랑,
나는 그것을 죄라 부른다.

그대의 편지를 받았다.
돌아 온 이래 그것을 계속 기다려 왔다.
그러나 기다림이란 얼마나 달콤한가!
삶, 그 자체는 기다림이다!

씨앗은 싹이 움트는 것을 기다려야 한다.
강물은 바다에 도착하는 것을 기다려야 한다.
인간은 무엇을 기다리는가?
그 역시 나무가 되기 위한 씨앗이다.
바다가 되기 위한 강물이다.

깊이 자신을 돌아보는 자는 누구나
끝이 없고 경계가 없는 것에 대한 갈망이
바로 그 자신임을 발견한다.
이것을 깨닫는 자는 누구나
신을 향한 여정을 시작한다.
왜냐하면 목이 마른데 누가 물을 쳐다보지 않겠는가?
갈망이 있는 곳에
깨달음에 대한 갈증이 있다.

모든 사람이 이 갈증을 의식하기를 희망한다.

모든 사람의 삶이 기다림으로 변화하기를 희망한다.
신에 대한 기다림으로 변할 수 있는 삶이야말로
참된 삶이다.
이것 외에 삶의 모든 다른 길은 낭비이자 재앙이다.

33.

사랑.
그대의 편지를 받았다.
그 안에 시들은 내 마음을 흡족하게 했다.
시란 사랑에서 나온다고들 한다.
그대의 편지에서 나는 이것이 발생하는 것을 보았다.
사랑이 있는 곳에
온 존재는 시가 된다.
삶이란 꽃은 사랑이란 빛 아래에서 꽃을 피운다.

왜 내가 그토록 그대에 대한 사랑에 집착하는 가에 대해
그대가 묻는 것은 이상하다.
사랑에 원인이 있을 수 있는가?
만일 그렇다면,
그것을 사랑이라 부를 수 있는가?
아, 나의 미친 친구여! 사랑은 항상 원인이 없다!
그것이 사랑의 신비이고 순수함이다.

사랑은 신성이고 신의 왕국에 속하는 것이다.
왜냐하면 사랑에는 원인이 없기 때문이다.

나로 말하자면,
나는 빛으로 가득 찬 등불처럼 사랑으로 가득 차 있다.
이 빛을 보기 위해 사람은 눈이 필요하다.
그대는 눈을 가졌기 때문에 빛을 보았다.
나머지는 나에게 달린 것이 아니라 그대에게 달렸다.

34.

사랑.
그대가 이토록 사랑스런 편지를 쓸 것이라고
나는 상상해 본 적이 없다.
그대는 배우지 못한 자라고 이야기하였다.
사랑보다 더 큰 지식은 없다.
사랑이 부족한 자야 말로 진정한 무식쟁이다.
왜냐하면 가슴이야말로 지적인 것이 아니라
삶에서 진정한 것이기 때문이다.
축복과 빛은 마음이 아니라 가슴에서 나온다.
그대는 따스한 마음으로 가득하다. 그것으로 충분하다!
나보다 이것을 더 잘 볼 수 있는 사람이 있을 수 있는가?
나는 그대가 저지른 실수를 지적하면서 내게 물으며 쓴 것에 놀랐다.

지금까지 사랑은 하나의 실수도 저지르지 않았다.
모든 실수는 사랑의 부족을 통해 일어났다.
실제 나에게 있어 이것은 삶에 있어 유일한 실수이다.

그대에게 편지를 쓰나니,
"신이시여,
실수를 범하지 않는 나를 그대가 부러워하게 만들어 주시기를.
내 가슴에서 일어난 축복을 그대가 더욱 더 갈구하게 되기를 바란다.
메왈(Mewal)의 여왕이시여!
그대가 그것을 근심할 아무런 이유가 없다."

35.

사랑.
이틀 전 치또르(Chittor)에서 그대를 떠난 것이 지금 이 시간쯤 되는 밤이었다.
나는 사랑과 축복으로 가득 차 있는 그대 눈을 지금 볼 수 있다.
모든 기도와 신앙의 비밀은 넘치며 흐르는 그러한 눈물 아래에 숨어있다.
그것들은 신성한 것이다.
신은
사랑의 눈물로
그가 축복하는 자들의 가슴을 채워준다.

증오의 가시로 가득 차 있는

가슴을 가진 사람들의 재앙에 대해 무어라 해야 하는가?

사랑으로 흐르는 눈물은 신의 발아래 바치는 꽃이다.

눈물이 흐르는 눈은 신성한 안목(眼目)으로 축복받았다.

사랑으로 가득 찬 눈만이 신을 볼 수 있다.

사랑은 자연의 관성을 초월하는 유일한 에너지이다.

사랑은 궁극적 깨달음의 세계로 사람을 인도한다.

이 편지가 그대에게 도달할 즈음

그대는 이미 카시담(Kashidham)을 향해 떠났을 것이라 생각한다.

그대의 여행이 어땠는지 모른다.

그러나 노래와 웃음으로 지나쳤기를 희망한다.

거기 있는 모두에게 나의 친절한 존경을 전해 주기를.

약속한 그대의 편지를 기다리며.

1966

36.

사랑.

이전에 그대를 만나 매우 행복했다.

나는 그대 가슴에 이는 파문과 영혼에 대한 그대의 갈망을 느꼈다.

그대는 아직 그대 본연의 모습을 찾지 못했다.

씨는 이미 싹을 틔울 준비가 되어 있고 흙도 때를 기다리고 있다.

그대는 오래 기다리지 않아도 된다.

그러나 커다란 결심으로 수행해야 한다.

그것은 단지 여행을 시작하는 문제이다.

신의 은총이 나머지를 해결해 줄 것이다.

37.

사랑.
그대가 과거를 잊고 있다는 것은 좋은 것이다.
삶의 새로운 차원으로 가는 길은 열려 있을 것이다.
현재를 완전히 산다는 것은 자유이다.
과거는 기억과 함께 존재하고
미래는 망상과 함께 존재한다.
존재하는 것은 항상 현재이다.
만일 그대가 미래를 생각하지 않고 현재를 산다면
그대는 신 안에서 사는 것이다.
그대가 과거와 미래로부터 자유로울 수 있다면
마음은 무(無)를 알게 되고 평화로워질 것이다.
마음 속 혼란은 가라앉을 것이다.
남아 있는 것은 무한과 끝없음이다.
이것이 진리의 바다이며
그대라는 이름의 강이 도달할 것이다!

추신. 1월에
나는 아마도 아흐메다바드(Ahmedabad)에 갈 것이다.
같이 갈 수 있는지?
며칠 동안 같이 여행할 수 있다면 참 좋을 것이다.

38.

사랑.
신에 대한 그대의 갈망을 보니 기뻤다.
이러한 갈증을 갖는다는 것은 신성한 축복이다.
갈증이 있는 곳, 거기에 길이 있다.
사실, 강한 갈망이 길이 된다.

신은 매 순간 우리들을 소환하고 있다.
그러나 마음의 해이함으로 인해
우리는 그가 부르는 소리를 듣지 못한다.
만일 우리의 눈마저 닫힌다면,
태양이 바로 문 앞에 있는데도
우리는 어둠 속에 있게 될 것이다.
태양은 항상 문 앞에 있다.
우리는 단지 눈을 뜨고 빛이 들어오게 하면 된다.
그게 전부이다.

신이 그대에게 빛을 주기를, 그것이 나의 소원이다.
나의 사랑과 나는 항상 그대와 함께 있다.

가족에게 안부를, 아이들에게 사랑을.

39.

사랑.

그대의 편지를 받았다.

세상이란 바퀴는 항상 구르고 있다.

그러나 왜 그것은 굴러야 하는가?

육체와 마음 뒤에 남겨진 것을 보라.

결코 움직여 본 적이 없는 것,

움직이지 않는 것,

결코 움직이지 않을 것,

그대가 그것이다(tat tvam asi).

바다 표면에는 물결이 있다.

그러나 깊은 곳에는 무엇이 거기 있는가?

물결 자체를 바다라 생각한다면

그것은 커다란 착각이다.

소달구지 바퀴를 보라.

바퀴는 돌아가나 축은 돌아가지 않는다.

그러므로 그대 자신이 축임을 기억하라.

서 있던지, 앉아 있던지, 자고 있던지, 깨어 있던지

그것을 항시 기억하라.

그러면 점차로 모든 변화 뒤에 자리한 변화 없음을 그대는 만날 것
이다.

40.

사랑.

돌아오는 길에 그대의 편지를 받았다.

그대가 행한 결심을 환영한다.

강한 의지력만이 우리를 진리로 인도할 것이다.

가장 깊은 곳에 자리한 힘은 그것에 자극 받아 생길 것이다.

다듬어지지 않은 에너지는 다듬어지게 될 것이고

그것은 음악이 될 것이다.

자아란 원자(原子)안에는 얼마나 강력한 에너지가 존재하는가!

그러나 강한 의지력 없이는 그것을 알 수 없다.

가장 단단한 정(釘)으로도 깰 수 없는 바위를 본 적이 있을 것이다.

바위의 갈라진 틈 사이로 올라 온 관목이나 풀을 본 적이 있을 것이다.

가장 작은 씨앗이라도 이런 의지력과 결합한다면

아주 단단한 바위라 할지라도 그것을 뚫고 태양빛에 도달할 수 있을 것이다.

약한 씨앗이 단단한 바위를 이기는 것이다.

부드러운 씨앗이 가장 단단한 바위를 깨는 것이다.

왜?

왜냐하면 아주 강하고 힘 있는 바위라 할지라도

그것은 죽은 것이다.

왜냐하면 죽은 것은 의지를 가지고 있지 않기 때문이다.

씨는 부드럽고 약하나 살아있다.

의지가 있는 곳에 생명이 있음을 기억하라.

의지가 없는 곳에 생명은 없다.

씨앗의 의지는 자체로 힘을 가지고 있다.

이 힘을 가지고 조금만 뿌리가 싹을 틔우고

갈라진 바위틈으로 들어 가 그 안에서 퍼진다.

그리고 어느 날 그들은 바위를 깨는 것이다.

삶은 항시 죽음을 이긴다.

삶 안에 있는 생명력은 죽어 있는 장애물로 인해 결코 져 본적이 없고 앞으로도 지지 않을 것이다.

41.

사랑.

그대의 편지를 받고 기뻤다.

그대의 가슴이 진리와 평화와 종교에 대해 그토록 갈구할 때 어느 날 그대는 삶의 모든 어둠을 내 쫓는 태양과 직면할 것이다.

갈구하라!

기도하라!

노력하라!

기다려라!

천리 길도 한 걸음부터이다.

그러므로 마음을 단단히 먹어라.

광대한 거리도 한 걸음에서 시작된다.
바다도 한 방울 한 방울이 모여 형성된다.

모두에게 안부를.
곧 갈 것이니
나머지는 만나서.

42.

사랑.
그대의 편지를 받았다.
그대는 섹스에 대해 물었다.
그 에너지 역시 신의 영역에 속한다.
명상을 통해 그것 역시 변형될 수 있다.

나쁜 에너지는 없다.
그러나 에너지를 잘못 사용할 수는 있다.
섹스 에너지가 위로 상승할 때
그것은 좋은 의미의 브라흐마짜르야가 된다.
브라흐마짜르야란 금욕, 독신생활, 성욕의 자제를 주로 하는
힌두교 인생 4단계에 있어 첫 번째인 학생 혹은 학습 시기를 말한다.
그것과 거리를 두는 것은 좋다.
그러나 충분하지는 않다.

그대는 그것을 넘어 그 에너지를 변형시켜야 한다.
그것을 거부하면
그대는 무미건조한 상태로 남게 된다.

성 생활에서 그대는 혼자가 아니다.
그러나 섹스는 필연적으로 육체에 속하는 것이 전혀 아니라 마음의
변형이다.
만일 마음이 완전히 변형될 수 있다면
그것은 타인에게도 영향을 미친다.
그토록 친밀한 관계에 있는 자는
빨리 영향을 받는다.

우리가 만날 때까지
그 점을 기억하라.

섹스에 대해 계산된 나쁜 의지가 없어야 한다.
계산된 초연(超然)은 소용이 없다.

섹스를 하는 동안에도 깨어 있으라.
그 상황의 목격자가 되어라.
만일 그가 명상과 정심(正心)의 상태에 머물 수 있다면
섹스 에너지는 성공적으로 변형될 수 있다.

우리가 만났을 때

이 점에 대해 더 이야기 할 수 있을 것이다.
브라흐마짜르야는 그 자체로 완전한 과학이며
그 길 위에는 축복으로 가는 많은 문이 열려 있다.

기억해야 할 첫 번째 것은
모든 에너지에 대해 친절한 태도를 갖는 것이다.
그것들에 대한 반감은
영적인 진화가 아닌 자기 파괴로 이끌 것이다.

거기 있는 모두에게 안부를.
뿌네(Pune)에 오지 않는다니 그대를 그리워할 것이다.

43.

사랑.
그대는 나에게 유머 감각에 대해 물었다.
만나서 그 문제에 대해 자세히 이야기할 수 있을 것이다.
그러나 무엇보다 먼저
유머 감각은 자신에게 향해야 한다.
자신을 향해 웃는다는 것이
가장 커다란 것이다.
자신을 향해 웃을 수 있는 자는
점차적으로 타인에 대해서도 관심과 연민을 가득 갖게 된다.

온 세상의 어떤 사건이나 주제에 대해서도 자신처럼 웃을 수 있는
자는 없다.

꿈이란 것이 사실인지 아닌지에 대해서도
우리는 자세히 이야기해야 한다.
어떤 꿈들은 확실하게 진실이다.
마음이 조용히 가라앉을 때
진리의 편린(片鱗)이 꿈속에서 나타나기 시작한다.
꿈에는 4종류가 있다.
- 전생에 관한 것
- 미래에 관한 것
- 현재에 관한 것
- 억압된 욕망에 관한 것
최근의 심리학은 4번째 종류의 것만 알고 있을 뿐이다.

그대의 마음이 평화롭게 존재의 영역으로 향하고 있음을 알게 되어
기뻤다.
마음은 우리가 원하는 바이다.
평화와 불안정은 우리 자신의 창조물이다.
인간은 항시 자신의 사슬로 자신을 옭아맨다.
그러므로 마음에서 벗어날 때 그는 항상 자유이다.

1967

44.

사랑.

사랑보다 더 큰 선물이 어디 있는가?

여전히 그대는 묻는다. '내가 무엇을 주었는가?'라고.

아, 정신 나간 자여.

사랑이 주어졌다면

더 이상 줄 것이 아무 것도 없다.

심지어 주는 사람조차 없게 된다.

왜냐하면 사랑을 준다는 것은

자신을 준다는 것이기 때문이다.

그대는 그대 자신을 주었다.

그러니 지금 그대가 어디에 있는가?

그대 자신을 상실했으니
지금 그대가 만나기를 갈망해 왔던 자를
만날 수 있을 것이다.
지금 그녀는 태어났다.
나는 그것을 목격했다.
나는 그 사건이 일어나는 것을 지켜봤다.
나는
그대가 되고자 하는 음악을 들을 수 있다.
어느 날
그대의 가슴이 나에게 가까이 왔을 때
나는 그것을 들을 수 있다.
지식은 현재를 안다.
그러나 가슴에 있어서는
미래 또한 현재이다.

1968

45.

사랑.

그대의 편지를 받았다.

내가 태어난 때를 살펴보아야 한다.

내 생각건대 12월 11일이었다.

그러나 이것조차 확실하지 않다.

그러나 그대의 점쟁이 친구에게 걱정하지 마라 이야기해라.

미래는 간단히 올 것이다.

그것에 대해 걱정할 이유가 없다.

무엇이 발생하던지,

그것은 궁극적으로 동일한 것이다.

먼지는 먼지로 되돌아온다.

삶은 물 위에 그려진 선처럼 사라진다.

모두에게 안부를.

46.

사랑.
오래 전에 그대의 편지를 받았다.
답장을 기다리느라
그대는 지쳤을 것이다.
인내 어린 기다림은 그 자체의 즐거움을 가지고 있다.
신으로 가는 길 위에서
무한한 기다림은 진정한 정신적 수행이다.
기다리고, 기다리고, 다시 기다리고.
그러다 봉오리가 움트듯이
모든 것이 저절로 발생한다.

그대는
나르골(Nargol)에 올 것인가?
모두에게 안부를.

47.

사랑.
그대의 편지를 받고 기뻤다.
진리란 미지(未知)의 것이다.
그것을 알기 위해서
그대는 알려진 것을 죽여야 한다.
알려진 것의 강둑을 뒤로 한 채
그대는 미지의 바다로 들어가야 한다.
용감해져라, 점프하라!
텅빔 속으로, 거대한 텅빔 속으로!
왜냐하면 거기 신이 거주하기 때문이다.

모두에게,
아니면 단 한 사람에게 사랑을!
왜냐하면 오직 한 사람만이,
그만이,
그는 모든 것 안에 있다.
그는 모든 것 안에 있고, 텅빔 속에 또한 있다.

48.

사랑.

그대의 편지와 질문을 받았다.

'나'란 의식이 존재하는 한

그것은 장벽이다.

실제 나에 대한 생각만이 유일한 장벽이다.

그러므로

자거나 깨어 있거나 앉거나 걷거나 하더라도

어디서나 언제나 그것이 다가 오더라도

항상 그것을 의식하라,

그것을 보라,

그것을 인지하라,

그것을 기억하라.

왜냐하면 인지는 그것의 죽음이기 때문이다.

그것은 진리가 아니라 단지 꿈이다.

사람이 그것이 꿈임을 알아채는 순간

꿈은 사라진다.

꿈은 포기할 수 없다.

어떻게 그대는 아닌 것을 포기할 수 있는가?

그것을 알아채는 것만으로 충분하다.

자아는 인간의 꿈이며 잠이다.

그러므로 그것을 포기하려 하는 자는

또 다른 환상 속으로 떨어질 것이다.

그들의 겸손, 그들의 무아는

단순히 또 다른 꿈이다.

꿈속에서 그대가 걷고 있다는 꿈을 꾸는 그러한 종류 말이다.

이런 계략에 빠지지 마라.
하나를 기억해 두라.
깨어나라 그리고 보라!

거기 있는 모두에게 안부를.

49.

사랑.
그대의 편지를 받아 너무 행복하다.
사랑의 빛이 즐거움의 향기 없이 올 수 있는가?
사랑의 향기 없는 즐거움이란 무엇인가?
세상은 살아 있는 동안 행복을 추구하는 미친 사람들로 가득하다.
그러나 그들의 지원과 더불어 사랑으로 변할 수 있다.
사랑이 우리 전체 존재에 대한 기도로 변할 때
신으로 가는 길은 열려 있다.
그러나 아마도 그의 문은 이미 열려 있으나
사랑으로 가는 우리의 눈이 닫혀 있는지도 모른다.
그래서 심지어 그것들을 영원히 볼 수 없을지도 모른다.

그대가 일시적 접촉이라 쓴 이것은 무엇인가?
아니다, 아니다!
어떻게 사랑의 접촉이 일시적일 수 있는가?

사랑은 순간조차 영원으로 바꾼다.

사랑이 있는 곳에

순간적인 것은 아무 것도 없다.

사랑이 있는 곳에

영원이 있다.

물방울이 단순히 물방울인가?

아니다, 아니다!

그것은 바다이다.

물방울은 사랑이란 눈을 통하여 바다가 된다.

50.

사랑.

그대의 편지를 받았다.

그대의 영혼이 얼마나 갈구하고 있는지 잘 알았다.

곧 그 갈증이 해갈될 것이다.

그대는 깨달음의 문턱 바로 입구에 있다.

그대는 단지 눈만 뜨면 된다.

눈썹을 치켜세우려는 것을 볼 수 있다.

그러면 나는 그대와 함께 할 것이다.

항상 그대와 함께 할 것이다.

그러니 걱정하지 말라.

인내심을 가지고 기다려라.

씨앗은 껍데기를 깨고 싹을 틔울
자기만의 때를 가지고 있다.

모두에게 안부를.
자세한 이야기는 만나서.

51.

사랑.
그대의 편지와 질문을 받았다.
죽음에 대한 질문에 대해
나는 일부러 침묵을 지켰다.
왜냐하면 나는 삶에 대한 질문이 생겨나기를 희망했기 때문이다.
죽음에 대해 심사숙고하는 사람들은
그 어디에도 도착할 수 없다.
왜냐하면 사실 죽어감 없이 어찌 죽음에 대해 알 수 있겠는가?
따라서 이러한 사고의 전체적인 결론은
영혼이 불멸임을 믿던지 아니면
삶의 끝은
모든 것이 끝나는 것이고 그 이후에는 아무 것도 없다는 것을 믿는
것이다.
그것들은 둘 다 단순한 믿음이다.
하나의 믿음은 죽음에 대한 두려움에 기반을 두고 있다.

다른 하나는 육체의 종말에 기반을 두고 있다.

나는 사람들이 이러한 믿음이나 견해에 매달리지 않기를 희망한다.

왜냐하면 그것은 경험이나 앎의 방향이 아니기 때문이다.

믿음 체계나 교리 외에 죽음에 대해 사고로 무엇을 찾을 수 있는가?

사고는 알려진 것 너머로 사람을 결코 이끌지 않는다.

죽음은 미지의 영역이다.

따라서

그것은 사고를 통해 알 수 없다.

그대의 관심이 삶으로 향하기를 희망한다.

삶은 지금 여기이다.

누구나 그곳으로 들어 갈 수 있다.

죽음은 결코 지금 여기가 아니다.

그것은 미래나 과거도 아니다.

죽음은 결코 현재에 존재하지 않는다.

죽음이 결코 현재에 존재하지 않는다는 이 사실에 주의해야 한다.

그러나 삶은 항상 현재이다. 그것은 과거나 미래가 아니다.

만일 그것이 지금 여기에 있다면

그것은 결코 아니다.

그러므로 그것은 알려질 수 있다. 왜냐하면 살 수 있기 때문이다.

그것에 대해 심사숙고 할 필요가 없다.

실제 그것에 대해 심사숙고 하는 사람들은

그것을 놓칠 것이다.

왜냐하면

사고의 움직임이란 과거형일 뿐 아니라 미래형이기 때문이다.

사고는 현재형이 아니다.

사고 역시 죽음의 동반자이다.

다른 말로 하면 사고는 죽음이다.

그 안에 삶의 어떤 요소도 없다.

생생함은 항상 현재에 있다. 그것이 현재이다.

그것의 현현(顯現)은 지금, 절대적으로 지금이다.

여기, 절대적으로 여기이다.

그럼으로 삶에 관한 사고는 없다.

단지 경험함만이 있다.

경험이 아니라 경험함이다.

경험은 이미 발생한 것이다.

경험함이란 지금 발생하고 있는 것이다.

경험은 이미 사고가 되었다.

왜냐하면 이미 발생했기 때문이다.

경험함은 사고없음이다.

말없음이며 침묵이며 빔이다.

그러므로 나는 사고없음을 깨우침이라,

삶을 경험하는 문이라 부른다.

삶을 알게 되는 자는 모든 것을 알게 된다.

죽음을 아는 자 역시 모든 것을 알게 된다.

왜냐하면 죽음은 오류에 지나지 않기 때문이다.

그것은 삶을 알지 못함에서 나온다.

삶을 알지 못하는 자는

자연스럽게 그 자신이 육체임을 믿는다.

육체가 죽으면 그것은 사라진다.

존재는 육체를 사라지게 만든다.

죽음은

모든 것의 끝이라는 개념을 만들어 준 것이 바로 이것이다.

조금 더 용기를 가진 자들만이

이 개념을 받아들인다.

죽음에 대한 두려움이 생겨나는 이유는

사람은 육체라고 믿는

바로 이 오류에서 나온다.

"영혼은 불멸이다, 영혼은 불멸이다"라는 주문을 외우기 시작하는
사람들은 두려움으로 고생하고 있다.

두려움과 나약함은 이런 식으로 피난처를 찾는다.

그러나 이러한 개념은 둘 다 하나에서 그리고 동일한 오류에서 나온다.

이것들은 동일한 오류의 두 개의 다른 형태이다.

이것들은 두 가지 다른 부류 사람들의 두 개의 다른 반작용이다.

그러나 두 개의 오류는 동일함을 기억하라.

둘 다 철저한 논리로 무장한 동일한 오류이다.

나는 이 오류를 지지하기를 원하지 않는다.

만일 내가 "영혼은 불멸하지 않다."라고 말한다면

그것은 거짓이다.

만일 내가 "영혼은 불멸이다."라고 말한다면

그대가 두려움으로부터 벗어나게 될 것이다.

두려움에 떠는 자는

진실을 결코 알 수 없다.

죽음은 미지의 영역이라 말했다.

삶을 알도록 해라. 그것만이 알 수 있다.

그것을 안다면

불멸이 무엇인지도 알 것이다.

삶은 영원하다.

삶에는 시작도 끝도 없다.

그것은 현현이고, 비현현이다.

그것은 하나의 형태에서 다른 형태로 움직인다.

우리의 무지 안에서

이러한 변화의 움직임은 죽음과 같다.

그러나 진리를 아는 자들에게 있어

죽음은 집을 바꾸는 것이다.

확실히 재생(再生)은 있다.

그러나 내게 그것은 교리가 아니라 경험이다.

타인을 위해 그것을 교리로 만들고 싶은 생각은 없다.

교리는 진실을 아주 나쁘게 손상시켰다.

나는 모든 사람이 스스로 그것을 알기 원한다.

아무도 타인을 위해 이런 행위를 실행할 수 없다.

그러나 교리를 통하여

성취될 수 있는 것처럼 보이는 것은 바로 이 행위이다.

따라서 모든 사람의 개별적 구도는 둔해지고 죽은 것이 된다.

교리와 경전을 믿으면서

사람은 조용히 앉는다.

마치 자신 외에 아무 것도 모르는 것처럼,

혹은 진리를 발견하는 것 외에 아무 것도 하지 않는 것처럼 말이다.

이런 상황은 자살에 가깝다.

그러므로 나는 교리의 반복을 통해 인간을 죽이고자

이런 광대한 규모의 행렬에 동참하고 싶지 않다.

나는 모든 기존 교리들을 대체하고 싶다.

왜냐하면 이것만이 나에게는 연민처럼 보이기 때문이다.

진리가 아닌 것은 모두 사라질 것이다.

진리는 결코 사라지지 않는다.

그것은 영원한 신선함 속에서

그것을 찾는 자들에게는
항상 이용 가능하다.

52.

사랑.
그대의 편지를 받았다.
나는 항상 그대와 함께 있다.
걱정하거나 슬퍼하지 마라.
최선을 다하고 나머지는 신에게 맡겨라.
그가 알아서 행해 줄 것이다.
마른 잎처럼 되라,
바람이 그들이 가고자 하는 길에 그대를 데려 갈 것이다.
이것이 공(空)의 의미가 아니었던가?
수영하지 마라.
그냥 떠 있어라.
이것이 공의 의미가 아니었던가?

모두에게 안부를.

1969

53.

사랑.
그대의 편지가 도착했다.
사랑은 요구하지 않는 것이다.
사랑은 요구로 결코 얻어지지 않는다.
사랑은 줌을 통해 얻어진다.
그것은 우리 자신의 거울이다.

그대는 내가 그대에게 쏟는 애정을 느낄 것이다.
왜냐하면 그대는 나를 향해 흐르는
사랑이란 강이 되었기 때문이다.
그대의 사랑이 만물을 향해 이처럼 흐를 때,

그대는
그대를 향해 사랑으로 흐르는
온 세상을 경험할 것이다.

모든 것에 대해, 사물 그 자체를 향해
무조건적인 사랑으로 대응하는 것
그것은 신을 경험하는 것이다.

54.

사랑.
두 사람은 전에 만날 수 있었는가?
그것은 이 세상에서 가능하지 않다.
소통은 불가능한 것처럼 보인다.
그러나 때때로 불가능한 것이 일어난다.
전에 그러했다.

그대와 함께 하면,
만남과 소통이 가능할 것처럼 느껴진다.
말도 필요 없다.
그대의 눈물이 나에게 대답했다.
나는 그 눈물들에 대해 마음 깊이 고마워했다.
이러한 반응은 아주 드물기 때문이다.

나는 그대의 마두 샬라(Madhu Shala)를 보았다.

그것을 반복해서 보았다.

만일 내가 노래할 수 있다면

나는 거기에 있는 동일한 노래를 불렀을 것이다.

나는 즐거움으로 세상을 받아들이는 고행자(Sanyas)를 진정한 산야스로 부를 것이다.

윤회(samsara)와 해탈(moksha)은 같은 것이 아니었는가?

이중성은 무지 속에 존재한다.

지식 안에서 그것들은 단지 하나이다.

아!

축복이나 사랑의 노래를 하면서

춤을 추거나 노래 할 수 없는 종교가 진정 종교인가?

추신.

그대가 여기에 오고자 한다는 이야기를 들었다.

와라, 빨리 와라.

누가 시간을 믿을 수 있는가?

봐라. 아침이고 해가 떠오른다.

지기 전에 얼마나 떠 있겠는가?

55.

사랑.

나는 아름다운 것, 추한 것 등 모든 것과 일심동체이다.

왜냐하면 그게 무엇이든지

나는 나이기 때문이다.

덕뿐 만이 아니라

죄에 있어서도

나는 협력자이다.

천국뿐 만이 아니라

지옥에 있어서도

나는 협력자이다.

붓다, 예수, 노자.

그들의 후예가 되기는 쉽다.

그러나 징기스칸, 티무르, 히틀러.

그들 역시 내 안에 있다.

아니, 반이 아니라

내가 온 인류이다.

인간적인 것이 무엇이든

그것은 나의 것이다.

꽃이나 가시, 빛이나 어둠도 그러하다.

만일 감로(甘露)가 나의 것이라면

독은 누구의 것인가?

감로와 독, 둘 다 나의 것이다.

이것을 경험한 자를

나는 종교적이라 부를 것이다.

왜냐하면 이런 경험에 대한 분노만이

지구상에서 삶의 혁명을 일으킬 수 있기 때문이다.

56.

사랑.

그대의 편지를 받았다.

그것을 받고 많이 기뻤다.

그대가 백지를 보내 왔기 때문에 더욱 그랬다.

그러나

쓰지는 않았으나 쓰고자 했던 모든 것을

나는 그 안에서 읽었다.

게다가 말이 무엇을 이야기할 수 있는가?

심지어 작성한 후에

쓰지 않고 남겨 놓은 것에 쓴다는 것은 무엇을 의미하는가?

침묵이 담긴 그대의 편지는 그래서 매우 사랑스러웠다.

말하자면

그대가 나를 보러 올 때마다

그대는 대부분 침묵하였다.

그러나 그대의 눈과 침묵은 모든 것을 말하고 있었다.

어떤 깊은 갈증이 그대를 자극했고,

어떤 미지의 해안(海岸)이 그대를 불렀다.

신이 누군가를 부를 때 마다

그는 이런 식으로 부른다.

그러나

그대는 얼마나 오래 그 해안에 서 있을 수 있는가?

보라, 태양이 이미 지고 있다.

바람은 배의 출항을 기다려주지 않는다.

57.

사랑.

그대의 편지를 받았다.

그러나 그것들은 단순히 편지가 아니었다.

그것들은 사랑과 기도로 쓰인 시였다.

왜냐하면 사랑이 있는 곳에 기도가 있기 때문이다.

그러므로 어느 한 사람이 사랑하는 대상을 통하여 신을 엿보는 것이 가능하다.

그 사랑이란 신을 볼 수 있는 눈을 제공하는 사랑이다.

사랑은 그것을 통해 신이 보이는 문이다.

그러므로

어느 한 사람이 모든 것을 사랑할 때

그는 모든 것 안에서 볼 수 있다.

실제 부분과 전체는 반대의 것이 아니다.

서로를 향한 깊은 사랑은 마침내 모든 것으로 퍼진다.

왜냐하면 사랑은 자아를 녹이고 비아(非我) 상태로 남기 때문이다.

사랑은 태양과 같고 개개인은 얼음과 같다.

사랑이란 태양은 빙하를 녹이고 끝 모를 바다를 만든다.

그러므로 사랑을 찾는 것은 진실로 신을 찾는 것이다.

왜냐하면 사랑이 녹으면 그것은 또한 파괴하는 것이다.

왜냐하면 사랑만이 녹고 파괴하기 때문이다.

그것은 탄생과 죽음 둘 다이다.

그 안에서 자아는 죽고 모든 것이 탄생한다.

그러므로 그 안에 탄생과 죽음이라는 고통이 있다.

사랑은 탄생과 죽음이라는 깊은 고뇌이다.

그러나 그대 안에서 꽃 피는 시(詩)는

그대가 사랑이라는 고뇌 안에 위치한 즐거움을 경험하기 시작하는
것을 보여 준다.

58.

그대의 편지는 기쁨으로 내 마음을 꽉 채워준다.

그대는 위대한 혁명의 문턱에 있다.

지금 그대가 도망가기를 원한다면,

나는 그대를 보내 주지 않을 것이다.

그대는 혁명 안에서 확실히 사라져야 한다.

그래야 그대는 다시 태어날 수 있다.

금은 불을 통과해야 한다.
그리고 나서야 순수해질 수 있다.
사랑은 그대를 위한 불이다.
나는 그대의 자아가 타 없어지도록 신에게 기도한다.
그리고 나서야 사랑이 오고 기도도 온다.
사랑 없이 기도는 가능하지 않다.

육체와 영혼은 둘이 아님을 기억하라.
보여질 수 있는 사람의 부분은 육체이다.
보여지지 않는 사람의 부분은 영혼이다.
신과 물질에 대해서도 동일한 논리가 적용된다.
신이 보이게 만들어 놓은 것이 물질이고,
보이지 않게 만든 것이 신이다.

삶을 있는 그대로 쉽게 자연스럽게 받아 들여라.
완전한 수용의 자세로 끊임 없는 형태를 지닌 그것을 받아 들여라.
삶에 그대 자신을 강요하지 마라.
삶은 그 자체의 규율과 지혜를 가지고 있다.
삶을 전체적으로 사는 자들은
다른 어떤 규율이나 지혜를 필요로 하지 않는다.

그러나 그대는 삶을 항상 두려워해 왔다.
그러므로 그대는 사랑을 두려워한다.

지금 삶은
그대의 안전망을 넘어 그대 안으로 침투하기 시작하였다.
그러므로
신의 무한한 영광이 그대 위로 쏟아지고 있다.
그것으로부터 도망가지 말라. 그것을 감사히 받아 들여라.
나의 선의는 항상 그대와 함께 할 것이다.

59.

사랑.
깨어 있는 상태를 의식하라.
잠이나 꿈속에 있을 때 의식하려 노력하지 마라.
만일 그대가 깨어 있는 상태에서 의식적이 된다면,
꿈이나 잠 속에서도 깨달음은 쉽게 온다.
그러나 그것을 위해 어떤 것을 할 필요가 없다.
무엇인가 함은 어려움만 더욱 만들뿐이다.

잠은 깨어 있는 상태를 반영한다.
그것은 우리가 잠에서 깨어 있을 때
원래의 우리로 남는 것을 의미한다.
만일 우리가 깨어 있는 상태서 잠을 잔다면
그것은 단지 잠에 불과하다.
진실로 잠을 자는 것이다.

깨어 있는 상태 동안에 사고의 흐름은
잠 속에서 꿈의 거미줄이 된다.
깨어 있는 상태에서 의식적인 존재는
꿈속에서조차 자신을 반성하기 시작한다.
만일 깨어 있는 상태에서 사고가 없다면
꿈은 잠에서도 함께 사라진다.

모든 다른 것은 좋다.
거기 있는 모두에게 안부를.

60.

사랑.
그대의 가슴처럼 순수하고 순진무구한 그대의 편지를 받고 너무 기
뻤다.
쓸 수 없는 것을 쓰고자 그대는 원했다.
그러므로 그대는 백지의 편지를 보냈다.
이것은 좋다.
왜냐하면
표현될 수 없는 것에 대해서는 침묵하는 것이 낫기 때문이다.
그러나 주의하라.
침묵 또한 말을 한다.
그것은 말하고 그리고 너무 많은 말을 한다.

침묵은 언어가 실패했을 때조차도 말을 한다.

빔은 선(線)이 포함할 수 없는 것조차도 감싸 안는다.
실제로 커다란 빔의 포옹을 어느 것이 거부할 수 있는가?
침묵으로 말하여지지 않는 것은 아무 것도 없다.

말이 실패하는 곳에서 침묵은 의미로 가득 차 있다.
형태가 끝나는 곳에서 형태 없음이 시작된다.
지식이 끝나는 곳에서 초월적 지식이 시작된다.
지식이 죽는 곳에서 저 너머에로의 여행이 시작된다.
언어로부터의 자유가 진리이다.

61.

사랑.
그대의 편지를 받고 얼마나 행복한지 어떻게 묘사할 수 있을까?
그대를 볼 때마다
내 마음 속에 한 가지 질문이 떠오른다.
얼마나 오랫동안
그대는 나로부터 떨어져 있을 수 있는가?
그대가 나에게 조금 더 다가와야 했었음을
나는 알고 있었다.
그것은 단지 시간문제였다.

그러므로 나는 기다렸고, 그대를 위해 기도하였다.
기도하면서 하는 기다림이란 나에게 사랑이다.

나는 또한
그대가 새로운 탄생의 고통을 겪고 있음을
새로운 탄생이 매우 가까이 있음을 알고 있다.
왜냐하면
이것만이 그대의 노래에 영혼을 줄 수 있기 때문이다.

말은 형태이다.
형태는 그 자체의 미를, 멜로디를, 음악을 가지고 있다.
그러나 이것으로는 충분하지 않다.
이것에 만족하는 자는 영원히 불만족스러운 상태로 남는다.
시의 영혼이란 침묵 속에 놓여 있다.

기도하면서 하는 기다림이란 나에게 사랑이다.
빔(空)이란 신성한 사원으로 가는 문이다.
그대는 나에게로 왔다. 나는 그대를 신에게 인도하기를 희망한다.
왜냐하면 그에게 먼저 가까이 다가감 없이 나에게 다가 올 수 있는
가?
실제 그에게 다가감 없이
그대는 그대 자신에게조차 가까이 다가갈 수 없다.
그대가 그의 곁으로 가자마자
그대는 삶을 얻는다.

그대는 그토록 많은 삶을 지나왔다.

자기 자신에게 더 가까이 가는 것은 새로운 탄생이다.

두 번 태어난다는 존재의 원리는 이것을 말하는 것이다.

기억하라.

길가에 놓여 있는 자갈은 단순히 자갈이 아님을,

그것들 역시 새로운 탄생을 기다리고 있다.

왜냐하면 재생(再生)은 그것을 다이아몬드로 바꾸어 주기 때문이다.

추신. 욕망을 쫓는 것은 환상을 쫓는 것이다.

그것은 하나의 죽음에서 다른 것으로 여행하는 것이다.

삶이라는 환상 속에서

인간은 이런 식으로 매번 반복해서 죽는다.
그러나 자신들의 의지로 죽기 원하는 자들은
죽음 그 자체는 스스로를 위해 죽는다는 것을 발견한다.

62.

사랑.
진리는 어디에 있는가?
그것을 찾지 마라.
구함을 통해서 진리가 찾아진 적이 있었는가?
찾음 속에서 구도자는 현존한다.
그러므로
찾으려 하는 자는 자신(自身)을 잃을 것이다.
자신을 잃은 자는 진리를 발견할 것이다.
"구하라 그러면 얻을 것이다."라고 나는 말하지 않는다.
"자신을 잃어라 그러면 얻을 것이다."라고 나는 말한다.

63.

사랑.
그대의 편지를 받고 행복했다.
물방울은 바다가 될 필요가 없다.

이미 바다이다.
단지 그것을 알기만 하면 된다.
그것이 무엇이든지
그것을 있는 그대로 안다는 것이 진리이다.
진리는 살아 숨 쉰다.

64.

사랑.
삶은 무한한 신비이다.
그러므로 지식으로 삶을 가득 채우는 자들은 삶을 알지 못한다.
삶은
지식이란 먼지로 뒤덮이지 않은
순진무구한 자들과 직관으로 삶을 보는 자들만이
알 수 있다.

65.

사랑.
삶에 반대되는 개념으로 열반을 추구하지 마라.
차라리 삶 그 자체를 열반으로 변화시켜라.
아는 자들은 행하고 있다.

도겐(Dogen)은 다음과 같은 아름다운 말을 했다.

"해탈을 추구하지 마라.

차라리 모든 그대의 행위를 자유롭게 행하라!"라고 말이다.

이것은 일어난다.

내 자신의 경험을 이야기해 주겠다.

어느 날 이것은 발생한다.

삶은 만개한 꽃처럼 아름답게 되고 향기로 넘쳐난다.

66.

사랑.

돌아오는 길에 그대의 편지를 받았다.

땅에 뿌려져 비를 기다리는 씨앗처럼 그대는 신을 기다리고 있다.

기도하면서 자신을 전부 내어준 자만이

신으로 가는 문에 도달할 수 있다.

강 위에 뜬 배처럼

그대 자신을 완전히 내려놓으라.

배 위에서 노를 저을 필요가 없다.

단지 천천히 흘러가게 두라.

그대는 수영할 필요가 없다. 단지 떠 있으라.

강물은 스스로가 그대를 바다로 인도할 것이다.

바다는 바로 근처에 있다.

그러나 수영하지 않고 떠 있는 자만이 도달할 수 있다.

물에 빠지는 것을 두려워 마라.

왜냐하면 그 두려움이 그대를 수영하게 만들 것이기 때문이다.

신 안에서 자신을 내려놓는 자가 영원히 구원 받을 것이라는 것이 진리이다.

목표를 가지지 마라.

왜냐하면 목표를 가짐으로써 그대는 수영을 시작할 것이기 때문이다.

어디에 도착하든지,

그 장소가 목적지임을 항상 기억하라.

그럼에도 불구하고

신을 자신의 목표로 삼는 자는

길을 잃을 것이다.

마음이 모든 목적에서 자유로워질 때

거기에 신만이 존재한다.

67.

사랑.

나는 말한다. "죽어라, 살기 위해서!"

씨앗이 그 스스로를 부술 때 그것은 나무가 된다.

물방울이 자신을 잃어버릴 때 그것은 바다가 된다.

그러나 인간은 자신을 잃어버리는 것을 거부한다.

그러면 어떻게 신이 인간 안에서 자신을 현현해 낼 수 있겠는가?

인간은 씨앗이고, 신은 나무이다.

인간은 물방울이고, 신은 바다이다.

68.

사랑.

오래된 길에 죽은 발자국들만 있는 옛 길을 버려라.

삶은 새로운 것을 향한 지속적인 탐구이다.

새로워지는 방법을 아는 자들만이

매 순간 참된 삶을 산다.

매 순간 죽어라. 그래야 그대는 영원히 새롭다.

이것이 삶의 변형의 핵심이다.

69.

사랑.

진리는 하늘과 같다.

영원하고 끝없고 경계가 없다.

하늘로 들어가는 문이 있는가?

그러면 사람은 어떻게 진리로 들어 갈 수 있는가?

만일 우리의 눈이 닫혀 있다면 하늘은 존재하지 않을 것이다.

동일한 것이 진리에도 유효하다.

눈을 뜬다는 것은 진리로 들어가는 문이다.

눈을 감는다는 것은 진리로 들어가는 문을 닫는 것이다.

70.

사랑.

진리는 어디서 찾을 수 있는가?

아마, 그것은 자신의 자아 안에서 찾아야 한다.

자아 안에서

자아 안에서

자아 안에서.

반드시 거기에 있다.

그것을 다른 곳에서 찾는 자는 그것을 잃을 것이다.

71.

사랑.

그대의 사랑스런 편지를 받고 극도로 기뻤다.

나는 삶을 전체로 받아들이며 살고 있다.

나는 그것을 단위나 부분으로 나누어 보는 것에 무능하다.

삶은 이미 전체이다.
그러나 아주 오랫동안 부분으로 보여 왔기 때문에
그것은 왜곡되어 왔다.

거기에는 정치도, 도덕도, 종교도 없다.
거기에는 삶이, 신이, 전체가 있다.
그것은 모든 형태 안에서 찾아져야 하고, 인정돼야 하고, 살아져야
한다.
그러므로 나는 그것의 모든 형태에 대해 이야기를 계속 할 것이다.
이것은 시작에 불과하다.
저널리스트에 대답하는 것은 기초를 준비하는 것이다.
모든 길은 하나의 목적으로 인도된다.
어떤 친구들은 이 진리를 이해하는데 얼마간의 시간을 필요로 할
것이다.
현 상태로는 진리를 이해하는데 시간이 더 필요할 것이다.
이것은 불가피하나 구도자들은 두려워하지 않을 것이다.
용기는 진리 추구에 있어 첫 번째 조건이다.

기억하라.
영성(靈性)이 전체적인 삶의 철학이 될 수 없는 한,
그것은 불구(不具)임을 증명할 것이고
도피주의자들은 그것 뒤에서 피난처를 구할 것이다.
영성은 힘으로 변해야 한다.
영성은 혁명으로 변해야 한다.

그리고 나서야 영성은 구원받을 수 있다.

모두에게 안부를.

72.

사랑.
인간은 홀로 됨을 두려워해서 노예가 되었다.
그러므로 그는 대중을, 사회를, 조직을 필요로 한다.

두려움은 모든 제도의 기본이다.
어떻게 두려운 마음의 소유자가 진리를 알 수 있겠는가?
진리는 두려움 없음을 필요로 한다.
두려움 없음은 사회가 아니라 정신적 수행으로부터 나온다.
이런 까닭에 모든 종교가, 제도가, 조직이 진리 추구를 위한 장벽이
된다.

1970

73.

사랑.
서두르지 마라.
종종 그러하듯, 서두름은 지체의 원인이 된다.
갈증이 나도 인내심을 갖고 기다려라.
기다림이 깊어질수록 해소의 순간도 빨리 온다.

그대는 씨앗을 뿌렸다.
그늘에 앉아 무엇이 일어나는지 관찰해라.
씨는 자신을 부수고 싹을 틔울 것이다.
그러나 그대는 그 과정을 재촉할 수 없다.
모든 것은 시간을 필요로 하지 않는가?

열심히 최선을 다해야 한다. 나머지는 신에게 맡겨라.
삶에서 낭비되는 것은 아무 것도 없다.
특히 진리를 향한 길에서는 더욱 그렇다.

그러나 때론 조바심이 일기도 한다.
조바심은 갈증과 함께 온다.
그러나 이것은 장애물이다.
갈증을 유지하고 조바심을 버려라.

조바심을 갈증과 혼동하지 마라.
갈증이 있는 곳에 갈망이 있고 다툼은 없다.
조바심이 있는 곳에 다툼이 있고 갈망은 없다.
갈망이 있는 곳에 기다림은 있으나 요구는 없다.
조바심이 있는 곳에 요구는 있으나 기다림은 없다.
갈증이 있는 곳에 침묵의 눈물이 있다.
조바심이 있는 곳에 안정 없는 다툼이 있다.
진리란 공격될 수 없다.
그것은 다툼이 아닌 자신을 내어 줌으로써 얻어진다.
자신을 전체적으로 내려놓음으로써 얻어진다.

74.

사랑.

그대의 편지를 받았다.

왜 목적을 추구하는가?

만일 그대가 목적을 추구한다면

그대는 진리를 결코 발견하지 못할 것이다.

왜냐하면 진리는 구도자 안에 영원히 숨어 있기 때문이다.

삶이란 목적 없는 것이다.

삶은 그 자체가 목적이다.

그러므로 목적 없이 사는 자가 참된 삶을 사는 자이다.

살아라!

삶 그 자체로 충분하지 않은가?

사는 것 그 자체보다 더 많이 바라는 것은 적절한 삶이 아닌 결과이다.

그것이야말로 죽음에 대한 두려움이 많은 인류의 마음을 사로잡은 이유이기도 하다.

왜냐하면 진실로 살아 있는 자에게 죽음이란 무엇인가?

삶이 강렬하고 전체적인 곳에서는

죽음에 대해 두려워할 시간도 없고,

죽음에 대한 시간도 역시 없다.

목적이란 단어를 생각하지 마라. 그 단어는 자체로 병이다.

하늘은 목적 없이 존재한다.

신은 목적이 없다.

꽃은 목적 없이 꽃을 피운다.

목적 없이 살 수 없는 빈곤한 자에게 무슨 일이 일어나는가!

왜냐하면 그는 어려움에 처했다고 생각할 수 있다.

약간의 사고는 항시 어려움으로 이끈다.

만일 그대가 생각해야만 한다면 완전하게 그리고 궁극적으로 사고하라.

그러면 마음은 생각으로부터 자유로워진 사고와 함께 아주 빨리 소용돌이 칠 것이다.

그러면 그대는 참된 삶을 살기 시작한다.

75.

사랑.

휴식은 최상의 목적이다.

일은 중간이다.

노력으로부터 완전히 자유로운 온전한 쉼은 최상의 목적이다.

그러면 삶은 놀이가 되고 노력조차도 놀이가 된다.

시, 철학, 종교는 휴식의 산물이다.

이것은 모든 사람이 누리는 것은 아니다.

그러나 기술과 과학은 조만간

이것을 가능하게 해 줄 것이다.

이것이 내가 기술을 선호하는 까닭이다.

노동에 본능적 가치를 부여하는 자들은 기계사용에 반대한다.

그들은 그래야 한다.

나에게 노동은 이러한 본능적 가치가 없다.

반대로

나는 그것을 부담이라 여긴다.

일이 휴식을 위한 필요조건이라 한다면

그것은 축복이 될 수 없다.

일이 자발적으로 휴식의 상태에서 나온다면

그것은 축복이다.

그러므로 나는 휴식을 죄라 부를 수 없다.

나는 희생을 지지하지 않는다.

나는 어느 누구가 다른 누구를 위해 살기를

혹은 한 세대가 다른 세대를 위해 자신을 희생하는 것을 원하지 않는다.

이러한 희생은 매우 비싼 대가를 요구한다.

그렇게 만드는 자들은 비인간적인 대가를 기대한다.

이것이 아버지들이 자식들로부터 불가능한 것을 기대하는 이유이기도 하다.

만일 모든 아버지가 자기만 아는 자식을 위한 삶을 산다면?

왜냐하면 모든 아들은 잠재적 아버지이기 때문이다.

아니,

나는 모든 사람이 자기를 위해, 자신의 행복과 쉼을 위해 살기를 희
망한다.

아버지가 행복할 때 그는 자식을 위해 더 많은 것을 쉽게 할 수 있
다.

왜냐하면 그것이 자신의 행복에서 나오는 것이기 때문이다.

그렇게 하면 거기에는 어떤 희생이나 포기도 없다.

그가 하는 것은 자연스럽게 자신이 아버지가, 행복한 아버지가 됨
에서부터 나온다.

그러면 그는 자식에 대해 비인간적인 기대를 갖지 않는다.

기대에 대한 압박이 없는 곳에서 기대는 충족되고 비로소 아들은
아들다울 수 있게 된다.

간단히 말해 나는 모든 사람들이 이기적이 되라고 가르치고 있다.

이타적 인간이 되라는 가르침은 인간에게 자살만을 가르쳐 왔다.

자살하고자 하는 인간은 항시 살인 충동을 가지고 있다.

불행한 씨앗이 그들의 슬픔을 타인들에게 뿌리고 있다.

나는 또한 미래를 위해 현재를 희생하는 것을 반대한다.

왜냐하면 지금 존재하는 것은 항상 현재이기 때문이다.

만일 그대가 그것 안에서 완전히 산다면 미래는 그것으로부터 태어
날 것이다.

그것이 일어났을 때 그것은 현재가 될 것이다.

미래를 위해 현재를 희생하는 습관을 가진 자들에게 미래는 결코 오지 않는다.

왜냐하면 아직 오지 않은 것을 위해 현재를 항상 반복해서 희생했기 때문이다.

마침내 그대는 내가 왜 타인을 위해, 미래를 위해 일을 하냐고 묻고 있다.

무엇보다 먼저 나는 일을 하지 않는다.

내가 하는 것은 무엇이든지

내 휴식 상태에서 나온다.

나는 수영하지 않는다. 단지 떠 있을 뿐이다.

어느 누구도 다른 어느 누구를 위해 무엇인가를 할 수 없다.

그러나 만일 무엇인가가 현재의 나로 인해 타인들에게 발생한다면 그것은 다른 어떤 것이다.

그러므로 나는 행위자가 아니다.

미래에 대해 말하자면

현재가 전부이다.

과거 역시 또한 지나가 버린 현재이다.

미래 역시 아직 오지 않은 현재이다.

삶이란 항상 지금 여기이다.

그러므로 나는 과거와 미래에 개의치 않는다.

내가 그것들에 대해 걱정을 멈춘 이래

그들이 나에 대해 걱정하기 시작했다는 것은 놀라운 일이다.

거기 있는 모두에게 안부를.

76.

사랑.

소리가 없는 음악이 있다.

영혼은 이러한 소리 없는 음악에 어찌할 줄 몰라 한다.

육체가 아닌 사랑이 있다.

영혼은 육체가 포함되지 않은 사랑을 갈구한다.

형태가 없는 진리가 있다.

영혼은 이 형태 없는 진리를 갈구한다.

그러므로 멜로디는 만족하지 않는다,

육체는 만족하지 않는다.

그리고 형태는 영혼을 채워줄 수 없다.

그러나 이 부족함, 불만족은 적절하게 이해되어야 한다.

왜냐하면 이 이해가 궁극적으로 초월을 가져다 줄 것이기 때문이다.

그러면 소리는 소리 없음으로 가는 문이 되고

육체는 육체가 없음으로 가는 길이 되고

형태는 형태 없음이 된다.

77.

사랑.
신은 우리의 유일한 재산이다.
다른 어느 재산에 기대지 마라.
다른 어떤 종류의 부는 재앙만을 가져다 줄 것이다.

테레사 수녀는 커다란 고아원을 설립하기를 원했다.
그러나 당시 그녀는 겨우 돈 몇 푼 밖에 가지고 있지 않았다.
그녀는 이 거대한 작업을 단지 몇 푼의 돈만 가지고 시작하기를 원
했다.
친구들과 그녀의 추종자들이 그녀에게 충고하였다.
"먼저 후원금을 얻어라!
돈 몇 푼 가지고 너는 무엇을 할 수 있느냐?"
테레사 수녀는 웃으며 말했다.
"당연히 나는 몇 푼의 돈만 가지고는 아무 것도 할 수 없다.
그러나 몇 푼 돈과 함께 신이 있다면 불가능한 것은 아무 것도 없
다."

78.

사랑.
윤회(samsara)는 열반(nirvana)이다.

소리는 주문(呪文, mantra)이다.
모든 살아 있는 것은 신이다.

그것은 그대가 어떻게 바라보는 가에 달려 있다.
세상은 그대가 그것을 어떻게 바라보는가에 달려 있다.

보아라! 눈을 떠서 보아라!
어둠이 어디 있는가?
빛만이 있을 뿐이다.
죽음이 어디 있는가?
죽음 없음만이 있을 뿐이다.

79.

사랑.
그대의 편지를 받았다.
대지가 무더운 여름 이후 비를 갈구하듯이
그대도 신을 갈구하고 있다.
이 갈구는 신성한 구름을 몰고 오는 원동력이 된다.
그대의 갈구가 이루어졌다.
그대 자신을 명상에 계속 있게 하라.
신의 영광이 그대에게 무한히 쏟아질 것이다.
만일 그대가 여기에서 준비되어 있다면

그는 항시 거기에서 준비되어 있을 것이다.
보아라!
하늘에 떠다니는 그의 구름이 보이지 않는가?

80.

사랑.
그대 자신과 다투지 마라.
그대는 있는 그대로의 그대 자신이다.
변화하고자 애쓰지 마라.

삶에서 수영하지 마라.
단지 시냇물 위에 나뭇잎처럼 표류하라.
정신적 수행으로부터 거리를 유지하라.
이것이 유일한 정신적 수행이다.

어디로 가고자 하는가?
무엇이 되고자 하는가?
무엇을 찾고자 하는가?
존재하는 것은 지금 여기이다.
청하건대, 멈추고 보아라!

동물적 본능이란 무엇인가?

낮은 것은? 높은 것은 무엇인가?
존재하는 것은 그냥 존재하는 것이다.
거기에는
높은 것도 낮은 것도 없다.
동물이란 무엇인가?
신성이란 무엇인가?

그러므로 비난하지 마라.
칭찬하지 마라.
자신을 비난하지도 칭찬하지도 마라.
모든 차이는 마음의 문제이다.

진리 안에서 차이란 존재하지 않는다.
거기에서 신과 동물은 하나이자 동일한 존재이다.
천국과 지옥은 동전의 양면이다.
윤회와 열반은 알려지지 않은 것의 두 개의 표현이다.

내가 말한 것을 생각하지 마라.
만일 그대가 생각한다면
그대는 놓칠 것이다.
보아라.
단지 보아라.

81.

사랑.
신으로 가는 길 위에서
유일한 생계수단은 무한한 희망이다.
어둠 속에서 북극성처럼 빛나는 희망이다.
외로움 속에서 그림자처럼 그대와 함께 하는 희망이다.
어둠과 고독이란 삶의 길은
확실히 희망을 가지지 못한 자들을 위한 것이다.

유명한 지리 탐험가인 도날드 맥밀란(Donald Macmillan)은
그가 편지를 받았을 때 북극으로의 여행을 준비 중이었다.
편지는 다음과 같이 쓰여 있었다.
"생존의 희망이 없을 때 개봉할 것!"
50년이 지나고 나서도 그 편지는 여전히 개봉이 안 된 상태였다.
누군가가 그에게 이유를 묻자 그가 대답했다.
"첫 번째 나는 편지를 보낸 알지 못하는 사람과의 약속을 지키기 원한다.
두 번째 나는 희망을 결코 포기하지 않았다."

얼마나 귀중한 말들인가!
"나는 희망을 결코 포기하지 않았다."

82.

사랑.
그대가 고행자(Sanyas)가 되었다는 소식에 기뻤다.
산야스라는 꽃이 없는 삶은 죽은 나무이다.
산야스는 삶에서 가장 아름다운 음악이다.
그것은 반대로 포기가 아니라 삶에서 가장 높은 즐거움이다.
다이아몬드나 진주를 발견하는 사람은 자갈이나 돌 등을 신경 쓰지
않는다.
그러나 그가 그것들을 포기하는 것이 아니라
관심을 단지 줄이는 것에 주의하라.

83.

사랑.
사고(思考)는 인간의 힘이다.
그러나 맹목적 믿음은 그를 파괴한다.
그런 이유로 인간은 약해지고 무기력해진다.
완전하게 사고하라
쉼 없이 사고하라.
왜냐하면 생각 없음의 상태는 사고의 절정에 있을 때에 얻을 수 있다.
그러한 지점에서 모든 사고는 소용이 없게 된다.
이 텅빔 안에 진리가 놓여 있다.

84.

사랑.

모든 도움은 장애물이 된다.

모든 도움을 멀리하라. 그러면 그대는 온전히 그를 받아들일 수 있다.

그는 희망 없는 자들의 유일한 희망이다.

그 외에 다른 가이드는 없다.

모든 다른 가이드는 길 위에 장애물일 뿐이다.

그대가 장인에게 도달하고 싶다면,

모든 선생들을 피하라.

자신을 비우는 것을 두려워하지 마라.

왜냐하면 홀로 있음은 문이다.

홀로 있음은 길이다.

홀로 있음은 목적지이다.

자신을 비울 수 있는 용기는

하나가 전체가 되기 위해 필요한 모든 것이다.

비운 채 완전히 머물 수 있는 자들

비운 자들은 곧 채워지게 된다.

이것이 신의 논리이다.

어떤 것을 하려 애쓰지 마라.

행위를 통해 염불이나 찬송을 통해, 금욕생활을 통해

그대는 신에게 결코 도달할 수 없다.

왜냐하면 그는 이미 여기에 있기 때문이다.

멈추어라. 그리고 보라!

무엇인가 하는 것은 달리는 것이다.

하지 않는 것은 멈추는 것이다.

그렇다!

만일 그가 멀리 있다면

우리는 그를 만나기 위해 달려야 한다.

그러나 그는 가까운 곳 중에서도 가장 가까운 곳에 있다.

만일 우리가 그를 잃어버린다면

우리는 그를 찾아 발견해야 한다.

그러나 우리들은 그를 결코 잃어버릴 수 없다.

85.

사랑.

그대의 편지를 받고 기뻤다.

'나'는 포기될 수 없는 것이다.

왜냐하면 어떻게 그대는 아닌 것을 버릴 수 있는가?

'나'는 자세히 들여다보고 이해되어야 한다.

그것은 어둠 속에서 램프를 찾는 것이다.

램프를 찾으면 어둠은 사라진다.

어둠은 없앨 수 없다.

왜냐하면 어둠은 존재하지 않기 때문이다.

그대는 단지 빛을 가져오기만 하면 된다.

그러면 어둠은 가면을 벗게 된다.

그대의 사고도 마찬가지이다.

그것들과 다투지 마라.

사고로부터 자유로워지고자 하는 노력은

그것 자체가 사고로부터 나온다.

그대의 사고를 알고, 그것들을 지켜보고, 그것들을 주의해라.

그러면 그것들은 어려움 없이 가라앉을 것이다.

목격함은 마침내 텅빔의 상태로 인도할 것이다.

텅빔이 있는 곳에 모든 것이 있다.

86.

사랑.

왜 인간은 그토록 고생하는가?

왜냐하면 그의 삶 안에는 대혼란이 있기 때문이다.

그러나 소리 없는 음악은 없다.

왜냐하면 그의 삶 안에는 사고들의 헛소리가 있기 때문이다.

그러나 텅빔은 없다.

왜냐하면 그의 삶 안에는 감정의 혼란이 있기 때문이다.
그러나 평정은 없다.
왜냐하면 그의 삶은 매우 화가 나 있기 때문이다.
그러나 방향이 없는 고요함은 없다.
왜냐하면 그의 삶에는 그 자신이 너무 많기 때문이다.
그러나 그것은 신이다.

87.

사랑.
시간이 무르익었다.
시간은 매일 다가온다.
수많은 영혼이 안정을 취하지 못하고 있다.
그들을 위한 길이 만들어져야 한다.
그러므로 서둘러라!
열심히 일하라!
완전히 자신을 내려놓아라!
그대 자신을 잊어라!

미친 사람처럼 신의 영역으로 자신을 내던져라.
미친 사람만이 할 수 있다.
신을 향해 이렇게 미치는 것보다
더 큰 지혜는 없다.

88.

사랑.
무집착은 사물과 관계된 것이 아니라 사고와 관계된 것이다.
무집착은 외부와 관계된 것이 아니라 내부와 관계된 것이다.
무집착은 세계와 관계된 것이 아니라 자신과 관계된 것이다.

어느 날 거지가 수피 수행자를 보러 갔다.
그는 수행자가 금으로 만든 못에 끈으로 묶은 아름다운 텐트 안에서 벨벳으로 만든 쿠션에 앉아 있는 것을 보았다.

이런 광경을 보고 거지는 울기 시작했다.
"이게 다 무엇인가!
위대하신 수행자여. 나는 그대의 영성과 무집착에 대해 많이 들어왔다.
그러나 나는 그대를 둘러싼 이러한 화려함에 완전히 실망했다."

수행자가 웃으며 대답했다.
"나는 이런 모든 것을 뒤로 둔 채 그대와 함께 할 준비가 되어 있다."
그렇게 말하고 수피는 즉시 일어나 거지가 신발을 신을 여력조차 주지 않고 밖으로 나왔다.

얼마 후에 거지는 화가 났다.
"나는 내 동냥 그릇을 그대의 텐트에 놓고 나왔다.

나는 그것이 없으면 안된다.
내가 그것을 갖고 나올 때까지 여기서 기다려라!"

수피가 웃으며 말했다.
"내 친구여, 내 텐트 안의 금으로 만든 못은 내 마음이 아니라 땅에
고정되었다.
그러나 그대의 동냥 그릇은 여전히 그대를 따라 다니고 있구나!"

세상 속에 있다는 것은 집착이 아니다.
마음 속에 자리한 세상이란 생각이 집착이다.
마음 속에서 세상이 사라질 때
무집착이 된다.

89.

사랑.
그대가 자아를 내려놓는다면
더 이상의 고통과 슬픔은 없을 것이다.
왜냐하면 자아란 기본적으로 모든 고통의 원인이기 때문이다.
모든 것이 신(神)임을 알게 된 순간
불평의 원인도 더 이상 없을 것이다.
불평이 끝나는 곳에
기도가 있을 것이다.

감사의 마음이 있는 곳에
신에 대한 신뢰가 있다.
신에 대한 신뢰 안에서
은총이 그대에게 쏟아진다.
믿어라 그리고 알아라.
믿는다는 것은 매우 어려운 일이다.
삶을 있는 그대로 받아들이는 것은
삶에서
가장 커다란 엄격함이다.

90.

사랑.
명상에 있어 결과를 기대하지 마라.
그것은 장애가 될 것이다.
모든 명상 경험에 있어 반복을 추구하지 마라.
왜냐하면 이것 역시 방해가 될 것이다.
명상하는 동안에는 단지 명상만 하라.
나머지는 저절로 발생할 것이다.
신으로 가는 길은 우리 손안에 있지 않다.
그러므로 그의 손에 그대 자신을 맡겨 놓아라.
자신을 내려놓아라.
자신을 내려놓아라.

자신을 내려놓아라!

항상 기억하라.

자신을 내려놓아라.

잠을 자거나 깨어 있거나

항상 기억하라.

자신을 내려놓은 것이 신으로 가는 유일한 문이다.

텅빔은 그에게 항해하는 유일한 배이다.

91.

사랑.

그대는 그대의 에너지를 잠의 상태로 놓고 얼마나 오래 견딜 수 있
는가?

그대는 그대 자아의 거대함을 망각한 채 얼마나 오래 견딜 수 있는
가?
다툼 속에서 시간을 낭비하지 마라.
의심 속에서 시간을 소비하지 마라.
시간은 결코 되돌릴 수 없다.
만일 그대가 기회를 놓친다면
그 기회를 잡기 위해서
그대는 몇 번의 생을 살아야 할 것이다.

92.

사랑.
그대의 편지를 받았다.
마음이 야기하는 재앙의 소용돌이에 빠지지 마라.
이것은 그 자체로 안정되지 않은 것이다.
마음은 항상 그러하다.
있는 그대로 받아 들여라.
이러한 긍정이 평화를 가져온다.

부정은 안정(安定)되지 않음이다.
인정(認定)은 평화이다.
완전한 인정에 도달한 자는 신을 얻는 것이다.
이것 말고 다른 방법은 없다.

이것을 잘 이해해라.

왜냐하면 이러한 이해는 인정을 가져온다.

인정은 의지의 행위로부터 올 수 없다.

의지의 행위는 그 자체로 무인정이다.

나는 무인정을 드러낸다.

왜냐하면 의지는 항상 자아의 것이기 때문이다.

자아란 부정을 먹고 자란다.

인정은 행위로 인해 결코 야기되지 않는다.

삶을 이해하는 것은 평화를 가져 오는 것이다.

보아라,

삶을 보아라.

그것이 무엇이든 그것은 있는 그대로이다.

사물은 이러한 것이다.

그들에게 왜 그러한지 묻지 마라.

왜냐하면 그대가 바란다 해도 사물은 그렇게 될 수 없기 때문이다.

욕망은 항상 무기력이다.

아,

욕망 없이 안정 없음이 있을 수 있는가?

93.

사랑.

구하라. 구하라. 그리고 구하라.
그러다 보면 구하려 하는 자가 사라질 것이다.
그곳에서 그대는 그를 만날 것이다.
내가 사라진 곳에
그가 있다.
'나'를 제외하고는 중간에 어떤 벽도 없고, 없어 왔다.

94.

사랑.
달이 하늘에 뜰 때 그것을 지켜보라,
모든 다른 것을 심지어 그대조차 잊고
그것에 빠져 보라.
그리고 나서야 그대는 소리 없는 음악이 있음을 알게 될 것이다.
아침 해가 떠오를 때 땅을 향해 절을 하고
그것에 경의를 표하면서 그대를 잊어 보아라.
그러면 그대는 인간이 만들지 않은 음악을 알게 될 것이다.
나무가 꽃을 피울 때
꽃들처럼 바람에 맞춰 그들과 함께 춤을 추어 봐라.
그러면 그대는 사람의 가장 내면에 자리한
자아에 거주하는 음악을 들을 수 있을 것이다.
그는 이 음악이 삶임을 아는 자이다.
그것의 노래는 신의 다른 단어이다.

95.

사랑.

사고의 흐름과 함께 표류하지 마라.

단지 그것들을 의식하라.

그대는 그것들과 떨어져 있고, 다르고, 거리가 있음을,

단지 관찰자임을 알아라.

교통의 흐름처럼 사고의 흐름을 단지 관찰하라.

마치 도처에 나뒹구는 가을 마른 나뭇잎을 바라보듯이 그것들을 관찰하라.

그것들을 만드는 자가 되지 마라.

그것들이 발생하는 대상이 되지 마라.

그러면 나머지는 저절로 발생하게 될 것이다.

이 나머지가 내가 명상이라 부르는 것이다.

96.

사랑.

다툼은 좋은 시작이다.

그대가 자신을 내몬다는 소식을 듣고 기뻤다.

고행자가 된다는 것은 세상에 대한 도전이며 자유에 대한 기본적인 천명이다.

매 순간 자유로이 산다는 것은 고행자이다.

지금 불안감이 그대와 함께 한다.
그러나 그것이 삶의 사실이다.

삶에 있어 유일하게 확실한 것은 죽음이다.
삶은 불안전이다.
그것은 그것의 즐거움이자 아름다움이다.
안전 속에 자신을 가둔다는 것은 자살이다.
그것은 스스로 선택한 살아 있는 죽음이다.

이러한 살아 있는 죽음은 도처에 널려 있다.
그들은 세상을 무덤으로 바꾸어 놓는다.
많은 유명한 산 송장들이 있다.
그들은 모두 깨어 있어야만 한다.
비록 그들에게 있어
그들은 깨어 있는 자들조차 잠으로 다시 밀어 넣으려 노력하고 있
지만 말이다.

지금 싸움은 계속 되어야만 한다.
그 안에서 그대의 전체적인 결심은 탄생할 것이다.
먼 곳에서 나는 그대의 목적지인 다른 해안을 본다.

97.

사랑.

나는 여행하고 있다.

돌아오는 길에 그대의 편지를 받았다.

그대는 지완 자그루띠 껜드라(Jeevan Jagruti Kendra)의 친구들을 만날 수 있다.

그리고 유왁 끄란띠 달(Yuvak Kranti Dal, 젊은 힘의 혁명)을 시작할 수 있다.

그것에 대해서는 어떤 규칙도 없다. 혁명에는 규칙이 있을 수 없다.

맹목적인 믿음을 대신 할 수 있는 과학적 연구와 함께

젊은이들 가운데 이해에 대한 깨달음을 얻어야 할 필요가 있다.

이것이 내가 바라는 전부이다.

내가 인도르(Indore)에 가면 이번에 나를 만나라.

모든 것이 좋다.

거기 있는 모두에게 안부를.

98.

사랑.

내 작업은 단지 신의 작업이다.

이것과는 별도로 나도, 나의 것도 아니다.

그의 것과는 별도로 어떤 다른 작업은 존재하지 않는다.
그대는 단지 신 안에서 살기만 하면 된다. 그것이 전부이다.
나머지는 저절로 발생한다.

예수가 말하였다.
"먼저 그의 나라를 구하라,
그러면 나머지는 그대에게 부가될 것이다."
나도 동일한 것을 말한다.
그러나 인간의 마음은 먼저 다른 것을 구한다.
그러므로 발생하게 되는 것은 발생하게 두어라.
얻어지는 것은 아무 것도 없다.
심지어 그는 그가 가진 것은 무엇이든지 잃어버린다.

99.

사랑.
고행자의 향기는 온 세상에 퍼져야 한다.
감옥과 같은 종교는 자신들의 커다란 울타리 안에
고행자라고 하는 꽃마저 가두어 버린다.
그러므로 고행자는 지금 말해야 한다.
나는 어떤 종교에 속하지 않는다.
모든 종교가 나의 것이다.
고행자를 세상과 분리해 놓은 것은 치명적인 실수였다.

그것은 무혈이 되었다.

고행자 없는 세상은 생명력을 잃어 버렸다.

새로운 다리가 둘 사이에 건설되어야 한다.

고행자는 피와 세상과 영혼을 되돌려 주어야 한다.

고행자는 두려움 없고 무집착인 윤회로 되돌아가야 한다.

세상은 두려움 없고 무집착인 고행자로 되돌아가야 한다.

그래야 고행자는 세상으로부터 격리되지 않은

진정한 고행자가 될 것이다.

그것은 세상 안에서 고행자가 될 것이다.

금으로 만들어진 다리가

세상에 만들어져

보이는 것과 보이지 않는 것

형태 없는 것으로부터 형태를 이을 것이다.

이 위대한 다리 건설이란 위대한 작업에 그대 자신도 동참하라.

100.

사랑.

만일 결심이 거기 있다면 불가능조차도 불가능하지 않다.

만일 의지가 부족하다면 가능조차도 불가능하게 된다.

우리가 살고 있는 세상은 우리 자신의 창조이다.

씨를 뿌리고 수확을 거두는 사이에 존재하는 시간은 혼란을 창조한다.

왜냐하면 원인과 결과가 너무 떨어져 있어서

마음은 명백한 것을 이해하지 못한다.

단편적이거나 연결이 끊어진 것은 아무 것도 없다.

그대가 자세히 들여다보면 연결이 있다.

삶의 과정을 이해하는 것은 평화로 가는 문을 여는 것이다.

빛은 구도자를 기다리며 가까운 곳에 있다.

101.

사랑.

그대의 편지를 받아 기쁘다.

그대는 내면에 힘을 가지고 있다.

그러나 그대는 그것을 알지 못한다.

그것을 발견하기 위해

그대는 촉매제가 필요하다.

그대가 모든 이것을 깨닫는 날

그대는 웃을 것이다.

그러나 그날까지

나는 그대의 촉매제가 되기 위해 준비하겠다.

나는 이미 웃고 있고

단지 그대가

이 우주적 웃음의 대열에 합류할 날을 기다리고 있다.

보아라!
크리슈나(Krishna)가 웃고 있다.
부처가 웃고 있다.

들어라!
하늘과 땅이 웃고 있다.
그러나 인간은 본래 자신의 모습을 알지 못하기 때문에 울고 있다.

이 얼마나 멋진 농담인가!
이 얼마나 멋진 게임인가!

황제가 구걸을 하고 있고
바다 속 물고기가 목말라 하고 있다!

102.

사랑.
존재는
빛과 그림자의, 희망과 절망의, 행복과 슬픔의, 삶과 죽음의 놀이이
다.
그러므로 존재는 이중성을 가지고 있다.

반대되는 극(極)의 긴장과 반대되는 악보의 음악이다.

그것을 안다는 것은,
그것을 인지한다는 것은,
그와 같은 것을 경험한다는 것은
그것을 뛰어넘는 것이다.
이 초월이야말로 진정한 정신적 수행, 진정한 성취이다.

이 초월로 가는 열쇠는 관찰의 상태이다.
행위자에게 안녕을 고하고
관찰의 상태로 사는 것이다.
그것에 빠지지 마라. 관찰하면서 빠지지 마라.
그러면
행복과 슬픔,
삶과 죽음도 단지 놀이에 그칠 것이다.
그것들은 그대에게 영향을 미치지 않는다.
그것들은 그대에게 영향을 미칠 수 없다.

모든 실수, 모든 무지는 깨우치지 못함에서 야기된다.

103.

사랑.

그대의 편지를 받았다.

그대 모친의 죽음이 그대를 그대 자신의 것으로 여김을 알게 되어 좋았다.

사람은 죽음 없음의 상태에 도달하기 위해 죽음이 무엇인지를 깨우쳐야 한다.

죽음에 대한 충동이 더 깊이 갈수록

마음은 영악스럽게 그것을 피하려 한다.

그것을 피하지 마라.

어떤 종류의 위로도 자살이다.

그대 자신을

죽음이란 슬픔을 완전히 느끼게 하라.

깨어나서 그것과 함께 살아라.

이것은 힘들 것이다,

그러나 혁명이 항상 함께 할 것이다.

죽음은 항상 거기에 있다.

그러나 우리는 그것을 잊고 있다.

매일 매 순간 죽음이 발생한다.

104.

사랑.

그대의 편지를 받았다.

그토록 많은 질문이라니!

그것들에 대답하기 위해서

나는 『마하바라따(*Mahabharata*)』보다 긴 책을 써야만 한다.

그러나 그리고 나서도

그대는 원하는 답을 얻지 못할 것이다.

왜냐하면 어떤 질문은 결코 답을 할 수 없다.

그대의 질문은 그대 자신의 삶 안에 깊이 자리하고 있다.

어떤 질문은 답이 없다.

왜냐하면 질문 자체가 대답을 찾을 수 없는 잘못된 질문이기 때문이다.

탐구가 계속되는 한,

이러한 질문은 항시 점진적으로 사라진다.

그런 다음에는

몇몇 올바른 질문을 하게 된다.

그러나 대답을 전혀 갖고 있지 않다.

그것들은 자신 안에서 깊이 경험돼야 한다.

105.

사랑.

축복을 바라지 마라.

왜냐하면 그 원함은 방해가 되기 때문이다.

욕망에 얽매이지 않는,

목적에 눈을 두지 않는

삶을 살아라.

자유롭게 살아라.

순간에서 순간을 살아라.

두려워하지 마라.

두려움으로부터 자유로워져라.

왜냐하면 아무 것도 잃을 것도, 얻을 것도 없기 때문이다.

그대가 이것을 깨닫는 순간

삶의 전체성을 얻을 수 있다.

그러나 거지처럼 삶이란 문으로 결코 접근하지 마라.

결코 구걸하러 가지 마라.

왜냐하면 그 문은 거지에게는

결코 열리지 않기 때문이다.

106.

사랑.

그대의 새로운 탄생을 목격하는 것은

나에게 행복을 가져다 주었다.

그대는 여러 생에 걸쳐

그것을 수행하였다.

그리고 지금 배(舟)는 올바르게 흐르고 있다.

나는 그대에 대해 안심하고 쉴 수 있다.

그대에게 한때 약속했다.

이제 그것이 충족되었다.

그대의 약속을 지키는 것이

이제 그대의 차례가 되었다.

기회를 놓치지 않도록 해라.

시간은 짧다.

나는 아마 그대와 함께 못할 수도 있다.

그대의 온 의지를 모아,

그대의 손으로 노를 잡아

무한한 여행을 시작하여라.

그대는 강둑에 앉아

너무 많은 시간을 낭비했다.

이제 바람이 그대 편이다.

나는 이것을 알고 있다.

그래서

그대를 강둑에서 진지하게 밀고 있는 것이다.

신의 은총이 그대에게 쏟아지고 있다.

마음을 열어 그것이 들어오게 하여라.

그것을 춤추고 그것을 마셔라.

감로(甘露)가 이처럼 가까이 있는데

그대는 여전히 목마른가?

107.

사랑.

전체적으로 구하는 것은 항상 얻어진다.

사고는 집중될 때 사물이 된다.

강이 바다를 발견하듯

갈증 어린 영혼은 신으로 가는 사원을 발견한다.

그러나 갈증은 강렬함에 틀림이 없고

작업은 지칠 줄 모르고

기다림은 끝이 없고

부름은 온 마음으로 한다.

모든 이런 갈증, 작업, 기다림, 부름은

한 마디 작은 단어로 압축할 수 있다.

그것은 기도란 단어이다.

그러나 기도는 행해질 수 없다.

그것은 행위가 아니다.

그대는 그 안에 있을 수만 있다.

그것은 느낌이다.

그것은 영혼이다.

그것은 자신을 말이나 요구 없이 내려놓음이다.

그대 자신을 미지의 것에 맡기고

발생하는 것은 무엇이든 받아 들여라.

신이 그대를 위해 만든 것은 무엇이든지 받아 들여라.

만일 그가 그대를 파괴하더라도

그것조차 받아 들여라.

108.

사랑.

그대의 새로운 탄생에 나의 축복을.

고행자가 된다는 것은 새로운 탄생이다.

자신 안에서, 자신에 의한, 자신의 새로운 탄생이다.

그것은 또한 죽음이다.

그러나 그것은 일상적인 죽음이 아니라 위대한 죽음이다.

그것은 어제까지 그대가 알던 모든 것의 죽음이다.

그리고 지금 그대는 매 순간 죽어야 한다.

그래야 새로운 것이 탄생하고 탄생한다.

그대는 한 순간조차 동일한 그대로 남을 수 없다.

그대는 죽어야 하고 매 순간 재탄생해야 한다.

이것이 유일한 정신적 수행이다.

연못이 아니라 강물처럼 살아라.

연못은 고정된 것이다.

강은 늘 이동하는 것이다.

109.

사랑.

신의 사원은 춤추고, 노래하고, 행복한 마음을 가진 자에게만 열린다.

슬픔 마음을 지닌 자는 그곳에 들어갈 수 없다.

그러므로 슬픔을 피하라.

그대의 가슴을 공작의 깃털만큼 생생한 색으로 채워라.

거기에는 이유가 없다.

행복해지고자 이유를 갖는 자는 진실로 행복하지 않다.

춤추고 노래하라.

다른 어느 누구를 위해서도

이유를 위해서도 아닌

그냥 춤 그 자체를 위해,

그냥 노래 그 자체를 위해

춤추고 노래하라.

그러면 개인의 전체 삶이 신성이 되고
그리고 나서야 기도가 된다.
그렇게 산다는 것은 자유롭게 된다는 것이다.

110.

사랑.
그대의 편지를 받아 기쁘다.
내적 혁명의 순간이 도래했다.
그러나 먼저 그대는 탄생의 고통을 극복해야 한다.
이러한 탄생의 고통보다 자신에게 아픔을 주는 것은 아무 것도 없다.
그러나 그것 뒤에 오는 것은 삶의 가장 큰 축복이다.
그러므로
갈구하고, 기다리고, 기도하라.
이것들을 그대의 정신적 수행으로 받아 들여라.

모든 다른 것은 좋다.
모두에게 안부를.

111.

사랑.

새들이 해가 뜨는 매일 아침마다 노래하듯
가슴도 명상의 여명에 노래로 가득 찬다.
꽃이 봄에 피듯이
영혼도 명상이 탄생하면서 향기로 흠뻑 젖는다.
모든 것은 비가 온 뒤에는 녹색으로 반짝이듯이
의식은 명상이 쏟아짐에 따라 많은 색으로 반짝인다.
모든 이것은 점점 더 발생하는데
이것은 시작에 불과하다.
궁극적으로 모든 것은 변한다.
향기도, 색도, 빛도, 음악도.
모든 것은 사라진다.
하늘과 같은 내적 공간은 나타난다.
어떤 성질도 갖지 않고 텅 비고 형태가 없게 된다.
그것을 기다려라. 그것을 갈구하라.
징후는 좋다 그러므로 한 순간조차 낭비하지 마라.
가라!
나는 그대와 항상 함께 한다.

112.

사랑.
갈증은 좋다.
갈망은 좋다. 아픈 가슴은 좋다.

왜냐하면 그는 눈물의 골짜기를 통해 오기 때문이다.
많이 울어라.
그대가 아닌 눈물만이 남도록 하라.
만일 눈물만이 남는다면
우는 자는 사라질 것이다.
그러면 신은 알아서 올 것이다.

이것이 내가 그대를 멈추게 하지 않고
가도록 내버려 두는 이유이다.
나는 그대가 그것을 후회할 것이라는 것을 안다.
그러나 이러한 후회는 좋다.
나는 그대가 울 것이라는 것을 안다.
그러나 이러한 눈물은 나름의 유용함을 가지고 있다.
눈물보다 더 심오한 기도가 있는가?

113.

사랑.
진리란 무엇인가?
적어도 이것은 많이 말하여 질 수 있다.
그것은 정의(定意)될 수 없다.
그러므로 모든 정의는 잊어라.
모든 가치와 해석을 버려라.

이 모든 것은 전부 마음의 장난이고 사고의 모든 창조물이다.

진리는 마음 너머에 있다.

물결이 호수의 평화이듯이

사고는 진실을 알지 못한다.

물결로 인해

호수는 평정을 잃어버린다.

호수가 잔잔할 때

물결은 존재하지 않는다.

사람이 그게 무엇인지 알아야 한다.

그것의 해석은 그것을 아는 것과는 매우 다르다.

해석은 사람을 헤매게 만든다.

그것은 허깨비와 같은 환상이다.

진리를 찾는 이들은 말에 주의해야 한다.

말은 진리가 아니다.

진리는 말이 될 수가 없다.

진리는 경험이다.

진리는 실재이다.

그것으로 가는 길은 이것도 아니고 저것도 아니다.

설명을 버려라.

정의를 버려라.

경전과 교리를 버려라.

이것도, 저것도 아님을 기억하라.

'나'와 '너'란 생각도 버려라.

'아니다, 아니다'라고 말하라.

남아 있는 것은 텅빔 속에서 천명하는 것이다.

그것이, 그것만이 진리이다.

모든 다른 것은 꿈이다.

114.

사랑.

고행자가 되기로 한 그대의 결정은 좋다.

정신적 수행이 그림자처럼 뒤따를 것이다.

씨앗이 마음속에 뿌려져야 할 것이다.

뿌린 대로 거둘 것이다.

방법 역시 마음속에 새겨져야 한다.

신의 사원은 가까이 있으나

마음은 우거진 숲속에 있다.

우리는 신의 사원에 도달하기 위해

숲을 헤쳐 나와야만 한다.

첫 번째 단계는 그대가 있는 곳에서 시작된다.

오래 걸리더라도

첫 번째 단계는 근처에서 시작되어야 한다.

진리로 향하는 여행뿐 아니라

모든 여행도

시작은 끝과 다르지 않다.

그것들은 동일 구간의 두 개의 끝이며

동일 존재의 두 개의 극이다.

그러나 종종

그대는 첫 번째 단계를

어디서 끝내야 하는지 추측할 수 없다.

첫 번째 단계는 끝하고는 상당히 관계가 없는 것처럼 보인다.

찰스 케터링(Charles Catering)은 다음과 같은 흥미로운 사건을 회고했다.

"한번은 내가 친구와 내기를 하였다.

내가 만일 그의 거실에 걸려 있는 새장을 구입한다면

그는 새를 구입하여야 할 것이다."

친구는 새 없는 새장을 유지할 수 있다고 웃으며 말했다.

그것은 아무 것도 아니라고 말이다.

그는 내기를 수락했다.

그래서 나는 그의 거실에 걸려 있는 스위스 산의 아름다운 새장을 그에게 사 주었다.

자연스럽게 피할 수 없는 일이 발생했다.

삶은 자체의 논리를 가지고 있다.

새장을 보는 사람은 누구나

즉시 그에게 연민을 느끼며 질문한다.

그대의 새는 언제 죽었는가?

그는 아마 대답할 것이다.

나는 새를 가져 본 적이 없다.
그러면 그들은 말할 것이다.
그렇다면 왜 빈 새장인가?
마침내 그는 짜증이 나 설명함에 지쳐
새를 구입했다.
내가 그에게 그것에 대해 물었을 때
그는 대답했다.
아침부터 저녁까지
한 사람 한 사람 모두에게
일어난 일에 대해 설명하는 것보다
새를 구입하고
내기에 지는 것은 더 쉬운 일이다.
그리고 또한
날마다 거기 걸려 있는 빈 새장을 바라보면서
내 마음은 다음과 같은 것을 반복할 것이다.
새여! 새여! 새여!

그러므로 만일 그대가 마음속 새장과 같은 경우의 진술에 매달린다면 정신적 수행이라는 새가 오기 까지는 오랜 시간이 걸리지 않을 것이다.

115.

사랑.

인간은 실재 속이 아닌 꿈속에서 산다.

모든 마음은 어느 곳에도 존재하지 않는 자신만의 세계를 창조한
다.

낮과 밤 동안에

마음은 꿈속을 헤맨다.

꿈이 너무 많아지고 너무 강렬해질 때

광기가 일어난다.

명확해지고 건강해진다는 것은

꿈이 없다는 것이다.

한번은 한 나라의 대통령이

그 나라에서 가장 큰 정신병원을 조사하기 위해 갔다.

병원장이 그를 방으로 안내하며 말했다.

"이 방에 있는 환자는 차에 대한 공포증으로 고생하고 있습니다."

대통령은 호기심이 들어 창문을 통해 안을 들여다보았다.

그러나 "안에는 아무도 보이지 않는다."고 그가 물었다.

"아닙니다. 그들은 차를 고치기 위해 침대 아래에 모두 있습니다."
라고 원장이 답했다.

모든 사람은

동일한 방식으로 자신들의 꿈 아래에 누워있다.

만일 대통령이 안을 들여다본다면

그는 무엇을 찾을 수 있는가?

모든 수도(首都)는 커다란 미친 집이 아니었는가?

그러나 사람은 자신의 미침을 볼 수 없다.

이것이 미쳤다는 확실한 특징이다.

어떤 사람이 자신에 대해 의심을 시작할 때

미친 상태를 보면서

시간이 되면 자신의 미친 상태가 없어질 것이라는 것을 잘 안다.

미친 상태를 의식한다는 것은 미친 상태의 끝을 말하는 것이다.

무지를 의식한다는 것은 그것의 끝을 향하는 것이다.

꿈을 의식한다는 것은 꿈에게 끝을 가져다 주는 것이다.

남아 있는 것은 진리이다.

116.

사랑.

그대의 편지를 받아 매우 기쁘다.

삶 속에 근심은 존재한다.

그러나 그것들에 대해 걱정할 필요는 없다.

걱정은 근심에서 나오는 것이 아니라 그것들을 바라보는

우리의 태도에 기인한다.

걱정스런 상태가 되느냐 마느냐는 항상 우리에게 열려진 선택이다.

걱정하지 않는 마음을 가진 사람이 걱정으로부터 자유롭다는 것은
아니다.

근심은 거기에 있고, 그것들은 살아가면서 피할 수 없는 길이다.

그러나 그것들은 자체적으로는 부담을 주지 않는다.

이러한 사람은 항시 저 너머에 있는 것을 본다.

짙은 밤의 어둠이 그를 둘러싼다.

그러나 떠오르는 태양과 그의 영혼을 바라보는

그의 눈은 결코 어둠 속으로 가라앉지 않는다.

'영혼은 어둠 속으로 가라앉지 않는다.'라는 사실만으로도 충분하
다.

육체는 그것에 굴하기 쉽다.

실제 이미 그래 왔다.

죽는 것을 비난하는 자들은 어둠 속에서 삶을 살아 왔다.

죽음 없음만이 빛 속에 뿌리를 두고 그들의 삶을 살아 왔다.

어린 아이들에게 축복을
모두에게 안부를.

117.

사랑.
자신을 믿는 것보다 더 큰 힘은 없다.
그것의 향기는 세상의 것이 아니다.

평화, 축복, 진리는 향기로부터 나온다.

자신을 믿는 자는 천국에 있는 것이다.

자신을 불신하는 자는 자신의 손에 지옥의 열쇠를 갖고 있는 것이다.

스코틀랜드 철학자 데이비드 흄(David Hume)은 무신론자였다.

그러나 매주 일요일

그는 확실한 유신론자인 존 브라운(John Brown)의

설교에 참석하기로 약속을 정했다.

사람들이 일요일마다 교회에 가는 것은 자신의 신념에 어긋나는 일이라고 흄을 비난했을 때 그는 웃으며 답했다.

"나는 존이 무엇을 말하든 거기에 관심이 없다.

그러나 존은 자신이 말하는 것에 대해서는 완전한 신념을 가지고 있다.

그래서 나는 일주일에 한 번씩 자신에 대해

완전한 신념을 가진 사람의 설교를 듣기로 마음먹었다."

118.

사랑.

사랑은 또한 불이다.

그러나 차가운 불이다.

우리는 그것을 태워야 한다.

왜냐하면 그것은 정화되어야 하기 때문이다.

그것은 정화되기 위해 태운다.
순수 금(金)만을 남긴 채
불순물들은 탄다.

같은 방식으로 내 사랑은 고통을 가져다 준다.
왜냐하면 그대를 재창조하기 위해 그대를 파괴하기를 원하기 때문
이다.
씨앗은 반드시 부서져야 한다.
그렇지 않고서 어떻게 나무가 될 수 있겠는가?
강은 반드시 끝나야 한다.
그렇지 않고서 어떻게 바다와 합쳐질 수 있겠는가?
그러니
그대 자신을 흘러가게, 죽게 내버려 두라.
그렇지 않고서 어떻게 자신을 찾을 수 있겠는가?

119.

사랑.
진리는 수영을 통해서가 아니라 물에 빠짐으로써
발견될 수 있다.
수영은 표면적 발생이다.
물에 빠짐은 무한한 깊이로 그대를 인도한다.

120.

사랑.
의미를 찾는 여행은 재앙이다.
그것은 의미 없음만을 가져다 줄 뿐이다.
의미 없는 것을 본다는 것은
의미 없음이 있을 수 없는,
의미가 아무 것도 아닌 곳에서의 참된 의미를 갖는다는 것이다.
그러므로 그것의 재앙은 피해야 한다.

그대는 동기(動機) 없음에 대한 명확한 언급에 대해 물었다.
그것을 이해하고자 하는 그대의 시도는 성공할 수 없다.
왜냐하면 그것은 동기화되었기 때문이다.

왜 이해에 대해 신경 쓰는가?
보아라. 그대 앞에서 있는 사물은 명확하지 않은가?
모든 것은 열려 있다!
모든 것은 명확하다!
그러나 인간은 이해하는 것에 대해 너무 바빠서
아무도 무엇이 명확하고,
무엇이 분명하고 무엇이 거기에 있는지에 대해 보려 하지 않는다.

혼란은 이해하고자 하는 노력이다.
무지는 알고자 하는 노력이다.

만일 그대가 이해하거나 알고자 노력하지 않는다면,
아무 것도 그대로부터 그것을 숨길 수 없다.
진리는 벌거벗은 채로 명확한 모습으로
항시 그대 앞에 있다.

121.

사랑.
그대는 상처 받았다고 이야기했다.
만일 그대가 완전히 상처 받고 사라진다면
그것이 차라리 나을 것이다.
그것은 항시 본보기일 것이다.
그래 왔던 것은 사라지기 마련이다.
됨은 항시 파멸로 이끈다.
그러므로 자신을 구하려 노력하지 마라.
자신(自身)을 잃어버린 자는 삶과 죽음을 넘어 간다.
자신을 구하는 자는 잃을 것이다.
그대는 자신을 구하려 바쁘다.
이것이 그대가 상처 받기를 두려워하는 이유이다.
그러나 구하고자 하는 것은 무엇인가?
구할 가치가 있는 것은 이미 구해졌다.

122.

사랑.

그대는 태양을 갈망한다.

그대는 확실히 그것을 얻을 것이다.

그러나 그대는 그것을 태울 용기를 가져야 한다!

그대는 죽음 없이 그것에 도달할 수 없다.

왜냐하면 자아는 어둠이기 때문이다.

게다가 태양은 밖, 어느 곳에도 있지 않다.

그것은 모든 것을 태웠을 때

내부로부터 태어난다.

자아를 내려놓았을 때

빛이 있다.

죽음에 대한 두려움은 어둠이다.

죽음 안으로 점프하는 것은 빛이다.

죽어라!

이것의 의미를 알도록 해라!

사라져라!

그대는 발견할 것이다.

이것이 내가 사랑을 기도라 부른 이유이다.

이것이 죽음 안에서의 첫 번째 교훈이다.

모두에게 안부를.

123.

사랑.

삶에서 목적을 구하지 마라.

살아라. 그러나 전체적으로 살아라.

심각해지지, 진지해지지 마라.

삶을 춤으로 만들어라.

바다 위의 물결처럼 춤을 추어라!

새들처럼 끊임없이 노래하라!

목적 없이 모든 것을,

왜냐하면 거기에는 이유가 없기 때문이다.

그러면 목적이 거기에 있을 것이다.

모든 신비가 풀릴 것이다.

유명한 내과의사인 록키 톤스키(Rocky Tonsky)가 한번은 학생에게
물었다.

삶의 목표는 무엇인가?

그것의 의미는 무엇인가?

학생은 망설였다.

기억을 되살리는 듯 더듬거리며 말했다.

어제 나는 알았다.

그러나 지금 나는 잊은 것처럼 보인다.

록키 톤스키는 하늘을 바라보았다. 그리고 울었다.

천국의 신이여!

당신을 알고 있던 유일한 사람이 오늘은 당신을 잊었다.

가족 모두에게 사랑을.

124.

사랑.
그대는 나의 십계명을 물었다.
이것은 매우 어렵다.
왜냐하면 나는 어떤 종류의 계율에 대해서도 반대하기 때문이다.
그러나 재미를 위해 다음과 같은 것을 적어 보았다.

1. 그대 내부로부터 나오는 것을 제외한 그 어떤 명령에도 복종하지
   마라.
2. 유일한 신은 삶 그 자체이다.
3. 진리는 안에 있다. 밖에서 그것을 찾지 마라.
4. 사랑은 기도이다.
5. 텅빔은 진리로 가는 문이다. 그것은 수단이자 목적이고 성취이다.
6. 삶은 지금 여기이다.
7. 완전히 깨어 살아라.
8. 수영하지 마라. 표류하라.
9. 매 순간 죽어라. 그래야 그대는 매 순간 다시 태어날 수 있다.
10. 구함을 멈추어라. 그것은 여기에 있다. 멈추고 보아라.

125.

사랑.

공동체에 대한 소식이 나를 기쁘게 하였다.

나무의 씨가 나오고 있다.

곧 무한한 수의 영혼이 나뭇가지 아래 휴식을 취할 것이다.

곧 내가 오기를 기다렸던 사람들이 모일 것이다.

그대는 그들의 주인이 되려 한다.

그러므로 자신을 준비하라.

말하자면

그대 자신을 완전히 비워라.

왜냐하면 텅빔 만이 주인이 될 수 있기 때문이다.

그대는 바다를 향해 흐르는 강물처럼 노래하며 춤추며 축복인 상태로 이미 길 위에 서 있다.

나는 기쁘다. 그리고 항시 그대와 함께 할 것이다.

바다가 가까이 있다.

단지, 달리고, 달리고, 달려라!

126.

사랑.

변하는 것을 제외하고 모든 것은 변한다.

변하는 것만이 영원하다.

그러나 인간의 마음은 과거에 살고 있다.

그것이 모든 혼란들 중의 혼란이다.

어느 날 하늘은 전운(戰雲)으로 가득 차 있다.

죽음으로 가득 찬 비행기 위에 비행기.

짐승과 새, 벌레 그리고 딱정벌레 등

날 수 있는 모든 것은 날아갔다.

말, 당나귀, 쥐, 양, 개, 고양이, 늑대 등

모두는 자신의 목숨을 위해 달렸다.

길과 도로는 그들로 가득 찼다.

그들은 도망가면서

독수리 두 마리가 길 옆 담 위에 앉아 있는 것을 보았다.

형제여!

그들은 독수리에게 말하였다.

도망쳐라! 즉시!

인간이 다시 전쟁을 시작하려 한다.

독수리들은 미소 지었다. 그들은 이미 알고 있었다.

그 중 하나가 말하였다.

태고 이래로 인간의 전쟁은 독수리들에게는 좋은 소식이었다.

우리 조상들은 그렇게 말하였다. 우리 경전에도 그렇게 적혀 있었다.

그것은 또한 우리의 경험이기도 하다.

사실 그것은 독수리들의 이익을 위한 것이기도 하다.

신은 인간에게 전쟁을 내려 주셨다!

신은 인간을 만들고 전쟁은 독수리들을 위해 만들어졌다.

이렇게 이야기 하면서 독수리 두 마리는 전쟁터로 날아갔다.
다음 순간 떨어진 폭탄을 맞고 산산조각 났다.

만일 그들이 어떻게 사물이 수천 년에 걸쳐 변할 수 있는가를 알았
더라면!
그러나 인간조차 이것을 깨달았는가?

127.

사랑.
그대의 편지를 받았다.
성적 욕망을 두려워하지 마라.
왜냐하면 두려움은 패배의 시작이기 때문이다.
그것을 받아 들여라.
그것은 그대로이고 그대로여야 한다.
물론 그대는 그것을 알아야 하고
그것을 인정해야 하고,
그것에 주의하여야 한다.
그것을 무의식에서 꺼내 의식을 지닌 마음의 세계로 가지고 와라.
만일 그대가 이것을 비난한다면 그대는 이것을 행할 수 없다.
왜냐하면 비난은 억압을 낳기 때문이다.
그것은 욕망을 밀어내는 억압이며 감정은 무의식이 된다.

진실로,

그것은 마음을 의식과 무의식으로 나누고

그 나눔은 모든 분쟁의 원인인 억압 때문이다.

이 분할은 인간이 전체적 존재가 되는 것을 방해한다.

통합 없이 평화는, 축복은, 자유는 없다.

그러므로 성적 욕망에 대해 명상하라.

욕망이 일어날 때 마다

그것을 주의 깊게 관찰하라.

그것에 대해 저항하지 마라.

그것을 피하지도 마라.

그것과 맞닥뜨리는 것은 그대를 독특한 경험으로 인도한다.

독신에 대해 그대가 들은 것, 배운 것은 무엇이든지

버려라. 모든 것을 쓰레기통에 버려라.

왜냐하면 브라흐마짜르야에 도착하는 외에 다른 방법은 없기 때문이다.

거기 있는 모두에게 안부를.

128.

사랑.

진흙은 할 수 없는

강철처럼 되어라.

고행자(sannyasin)가 되는 것은 신의 전사(戰士)가 되는 것이다.

그대의 부모를 전보다 더 봉양하라.

그들에게 아들이 산야신이 된 기쁨을 주어라.

그러나 풀어지지 마라.

마음을 더 굳게 먹어라.

그것은 그대의 가족에게 영광을 가져다 줄 것이다.

고행을 행하는 아들은 가문에 영광을 가져다 줄 것이다.

나는 그대를 완전히 믿는다.

이것이 내가 그대가 고행자가 되는 것을 목격하는 이유이다.

웃어라. 그리고 모든 것을 인내해라.

모든 것을 듣고, 웃어라.

이것이 그대의 정신적 수행이다.

폭풍이 오고 가게 하라.

129.

사랑.

고행자에게 윤회는 단순한 드라마이다.

세상이 연극임을 안다는 것은 고행이다.

아무도 사소하지 않고

아무도 위대하지 않다.

람도, 람의 적인 라반(Ravan)도 없다.

모든 것은 신의 유희(Ram-leela)이다.

그대에게 주어진 어느 부분의 역할이라도
잘 연기하라.
그 역할은 그대가 아니다.
우리가 연극에서 우리 역할에 빠져 자기를 망각한다면
자기를 아는 것은 불가능하다.
연기 내의 역할이 내가 아님을 인식하면
무지가 사라질 것이다.

그대의 역할을 연기하라.
그러나 그것이 그대가 아님을 잘 알아라.

130.

사랑.
그대의 편지를 받았다.
사랑과 연민에는 커다란 차이가 있다.
사랑 안에는 연민이 있다.
그러나 연민 안에 사랑은 없다.
그러므로 사물을 있는 대로 아는 것은 중요하다.
사랑은 사랑이고, 연민은 연민이다.
다른 것을 위해 어느 하나를 선택한다는 것은

불필요한 근심을 만들어 내는 것이다.

일상적으로 사랑은 불가능한 것이 된다.
왜냐하면 있는 그대로의 모습으로 인간은 사랑받을 수 없기 때문이다.
사랑을 하기 위해
마음을 반드시 비어야 한다.
우리는 단지 우리의 마음으로 사랑을 한다.
그래서 우리의 사랑을 할 때
가장 낮은 단계인 섹스이며
가장 높은 단계는 연민이다.
그러나 사랑은 섹스와 연민을 넘어선 초월적인 것이다.

그러므로

사물의 본성을 이해하고

당위를 위해 노력하지 마라.

당위는 사물의 본성에 대한 긍정과 이해로부터 나온다.

131.

사랑.

그대의 편지를 받았다.

나에 대해서는

다음 두 가지 이유로 실수로라도 걱정하지 마라

첫 번째 내가 신에게 나 자신을 내려놓은 날

나는 모든 근심을 초월했다.

왜냐하면 자신을 돌보고자 하는 노력만이

유일한 근심이다.

자아는 근심이다.

그것을 넘어서? 어떤 근심? 근심의 주체는? 누구를 위하여?

두 번째 나와 같은 인간은 십자가형에 처해지기 위해 태어났다.

십자가는 우리의 왕좌이다.

꽃이 아니라 돌들이 그대들에게 쏟아질 때

우리의 사명은 충족될 것이다.

그러나 신성으로 가는 길 위에서는

돌도 때론 꽃으로 변한다.

반대의 길 위에서는

꽃도 때론 돌로 변한다.

그러므로 돌이 내 위로 쏟아진다 하더라도

행복해 하고 신에게 감사드려라.

진리는 늘 이처럼 받았다.

그대가 동의하지 않는다면

소크라테스에게 물어보라

예수에게 물어보라

붓다에게 물어보라

까비르에게 물어보라

미라(Meera)에게 물어보라

모두에게 안부를.

132.

사랑.

씨앗은 자신의 잠재성에 대해 무엇을 알고 있는가?

그것은

자신이 누구인지 모르는,

자신이 무엇이 될 수 있는지 모르는

인간과 동일하다.

아마도 씨앗은 자신을 볼 수 없을 것이다.

그러나 인간은 할 수 있다.

이러한 바라봄을 명상이라 부른다.

지금 여기에서 사물을 있는대로

자신을 아는 것이 명상이다.

그것으로 깊이 더 깊이 뛰어 들어라.

거기 깊은 곳에서는 가능한 모든 것이 명확히 보일 것이다.

그대가 한번 그런 현상을 접하기 시작했다면

가능한 것이었던 의식은 실재로 변한다.

그것은 마치 잠재의 형태로 있던 씨앗이 싹 트기 시작하는 것이다.

시간, 노력, 에너지 모두를 명상에 쏟아 부어라

왜냐하면 명상은

자아가 스스로에 대한 인식을 통하여 가는

문 없는 문이기 때문이다.

133.

사랑.

삶에서 죽음보다 확실한 것은 아무 것도 없다.

아니면

삶은 불안함의 다른 이름이다.

그대가 이것을 깨달을 때

안전을 향한 욕망은 간단히 사라진다.

불안을 받아들인다는 것은 그것으로부터 자유롭게 되는 것이다.

불확실성은 마음에 머물 것이다.

왜냐하면 그것이 그것의 속성이기 때문이다.

그것에 대해 걱정하지 마라.

왜냐하면 그렇게 한다면 불에 기름을 붓는 모양이 될 것이다.

마음이 있는 대로, 있어야 하는 곳에 있게 단순히 두라.

그대는 명상을 하여라.

그대는 마음이 아니다.

그러므로 마음의 문제는 어디에 있는가?

어둠이 있는 곳을 떠나라

그대의 불을 밝혀라

그대는

주의 깊게 생각하고 그런 다음 자신을 내려놓으려 하는가?

아, 미친 자여.

자신을 내려놓는다는 것은 사고 밖으로 뛰어나가는 것이다.

짐프를 하든지 아니면 그대로 있든지

그러나

신을 위해 그것에 대해 심사숙고하지 마라.

134.

사랑.

유신론은 무한한 희망의 다른 이름이다.

그것은 인내이다.

그것은 기다림이다.

그것은 삶이란 연극 안에서 유희(leela)를 믿는 것이다.

그러므로 유신론과 함께 비난하는 것은 할 수 없다.

유신론은 긍정이다.

그것은 내려놓음이다.

긍정의 대상은 자아 너머이다.

내려놓음의 주체는 자아의 근원이다.

1914년 토마스 에디슨(Thomas Edison)의 연구실에 화재가 발생했다.

값비싼 기계들과 평생을 바쳐 연구한 모든 서류들이 재로 변했다.

이 비극을 듣고 그의 아들인 찰스(Charles)가 에디슨을 보기 위해 왔다.

화염 옆에서 기뻐하는 아버지를 발견하였다.

아들을 보자, 에디슨은 엄마는 어디 있냐고 아들에게 물었다.

가서 엄마를 찾아 이리로 빨리 데려오라고,

이러한 광경은 다시 보기는 어렵다고 말하면서

아들에게 말했다.

다음 날, 자신의 꿈과 희망이 재로 변한 사이를 걸으면서

67살의 발명가는 말하였다.

"이런 재앙에 자리한 이득이라니!

모든 우리의 실수는 이제 재로 변하였다.

하느님, 감사합니다!
우리는 이제 새로이 전부 시작할 수 있습니다."

신의 영광은 끝이 없다.
우리는 그것을 보기 위한 눈이 필요하다.

135.

사랑.
비트켄쉬타인(Wittgenstein)은 어딘가에서 말하였다.
"말하여 질 수 없는 것에 대해서는
침묵해야 한다."
만일 이 충고에만 주의를 기울인다면
진리에 대한 무용한 토론은 없을 것이다.
진실 그 자체는 말로 표현될 수 없다.
말하여진 것은 진실이지 않고,
진실일 리 없다.
진리는 말 너머에 있다.
침묵만이 진리와 연관이 있다.

그러나 침묵은 매우 어렵다.
마음은 말 너머에 있는 것을 말하고 싶어한다.
진실로 마음은 침묵의 유일한 장애물이다.

침묵은 마음 없는 상태를 말한다.

설교자가 꼬마 몇 명에게 설교하기 위해 왔다.
시작 전에 그는 그들에게 질문하였다.
"만일 너희들이 강의자가 되었다고 가정하자.
너희들이 좋은 강의를 기대하기 위해 모인
똑똑한 소년 소녀 앞에 섰는데
만일 말할 아무 것도 가지고 있지 않다면
너희들은 무슨 말을 할 수 있을까?"라고 물었다.

한 조그만 아이가 대답했다.
나는 침묵을 지키겠다.
나는 침묵을 지키겠다.
이 어린이 같은 단순성은 침묵으로 실험할 필요가 있다.

136.

사랑.
고행자가 된다는 것은 에베레스트 산으로 가는 순례이다.
자연히 도중에 많은 어려움이 있다.
그러나 그 결정의 대가는 달콤함이다.
그러므로 모든 것을 조용히 즐겁게 감당하여라.
그러나 그대의 결정을 포기하지 마라.

전보다 더 그대의 어머니를 봉양하라.

고행자는 책임감에서 도망치는 것이 아니다.

그대의 가족을 포기해서는 안된다.

차라리 그대는 온 세상을 그대의 가족으로 만들어야 한다.

그대의 어머니도 고행자를 택하도록 권유해라.

그녀에게 말하라. 그대는 이미 세상을 충분히 봤다.

그대의 눈을 들어 신을 향해 바라보라.

그러나 그대로 인해 어머니가 어려움을 갖지 않도록 주의해라.

이것이 포기나 타협을 의미하는 것은 아니다.

고행자는 타협을 모른다.

강해지고, 대담해지고, 굳건해져라.

이것은 고행자의 영혼이다.

137.

사랑.

사랑은 꿈속에서조차 차별하지 않는다.

그 사랑은 기도이다.

거기에는 전혀 차별이 없다.

지금 '나'라고 하는 존재는 더 이상 없다.

'나'라고 하는 단어는 단순히 편의이다.

이처럼 많은 어려움을 야기한다.

'나'라고 하는 구름이 사라지면
남는 것은 사랑 밖에 없다.
원인이 없는 사랑,
무조건적인 사랑.
여기 나는 시장에 서 있다.
누구든지 내게 올 준비가 되어 있는 사람은 와서 그것을 가져 갈 수
있다.
까비르(Kabir)는 손에 등을 들고 시장에 서 있다.
만일 그대가 그대라는 집을 태울 준비가 되어 있다면
내게 오라.

138.

사랑.
아, 만일 악기인 비나(veena)가 밖에 있다면
그대는 그 소리를 들을 수 있을 것이다.
그러나 그것은 안에 있다.
그러나 우리는 그것과 하나가 되어야 한다.
단지 들음으로써 끝나는 음악이 얼마나 가치 있는가?
궁극적으로 연주가는, 악기는, 음악은, 청중은 분리되지 않는다.
안을 들여다보라.
안으로 가라.
그리고 누가 그대를 기다리는지 보라.

139.

사랑.

명상의 봄이 코앞으로 다가왔다.

그러나 억압된 성 에너지 층은 바위처럼 작동한다.

성의 억압은 그대의 삶을 분노로 옭아맨다.

그것의 연기는 그대의 전체 인성을 물들인다.

그대가 그 전날 내 앞에서 명상할 때

나는 모든 이것을 매우 명확하게 보았다.

그러나 나는 그대의 의지가 매우 강하다는 것을 또한 볼 수 있었다.

신에 대한 그대의 갈망은 매우 강하다.

그대는 열심히 수행하고 있다.

그러므로 상심할 필요가 없다.

어려움은 있다.

장애도 있다.

그러나 그것들은 흩어질 것이다.

깨부수는 사람은 아직 부서지지 않았다.

완전하게 명상하라 그러면 곧 봄이 올 것이다.

그러나 그대의 전 존재를 걸어야 한다.

아무 것도 할 것이 없다.

약간 물러서면 그대는 놓칠 것이다.

시간은 짧다. 그러니 모든 그대의 힘을 모아라.

반면 기회는 여기에 있다

그대의 노력은 전체가 되어야 한다.

그대가 다른 생애에서 이런 기회를 가질 것인지에 대해서 말하는 것은 어렵다.
그러므로 모든 것은 이 생애에서 끝내야 한다.
만일 문이 이 생애에서 열리지 않는다면
그대는 다음 생애에서 출발부터 시작해야 한다.
그리고 내가 그대와 함께 하리라는 확신은 없다.

그대의 마지막 생애에서 그것을 위해 수행해야 한다.
그러나 그 작업은 끝나지 않았다.
그 전 생애와 이 생애는 동일하다.
왜냐하면 그대는 세 번 동일한 삶을 반복해 왔다.
지금 그것을 부수어야 할 시기이다.

이미 늦었다.
더 이상의 연기는 어리석은 것이다.
모두에게 안부를.

140.

사랑.
정신적 수행의 의미는 자신의 본성으로 들어가는 것이다.

그 안에서 산다는 것이다.

그것이 된다는 것이다.

그러므로 사람은 자신의 본성이 아닌 것이 무엇인지를 알아야 한다.

그래야 자신이 원하는 것에서 자유로움을 의식할 수 있을 것이다.

그것을 인식한다는 것은 그것으로부터 자유로워지는 것이다.

반케이(Bankei)의 제자가 그에게 물었다.

나는 완전히 분노에 사로잡혔다.

나는 그것을 제거하기를 원하나 그럴 수 없다.

나는 무엇을 해야 하는가?

반케이는 한 마디도 하지 않았다.

단지 제자의 눈을 깊이 들여다보았다.

그의 눈에서는 깊은 침묵의 몇 분 동안

달콤함이 쏟아지고 있었다.

그는 침묵을 부수고 싶었다.

그러나 용기가 없었다.

그러자 반케이가 웃으며 말했다.

"이상하군!

나는 찾고 찾았으나 그대 안에 자리한 분노를 찾을 수 없었다.

여전히 지금 여기서 조금만 그것을 보여다오!"

제자가 말했다.
"항상 여기에 있지 않다.
그것은 갑자기 오는데 어떻게 내가 그것을 지금 만들 수 있겠는가?"

반케이는 반복해 웃으며 말했다.
그러면 그것은 그대의 본성이 아니다.
본성은 항시 그대와 함께 있다.
만일 그대의 분노가 그대 일부라면
그대는 그것을 나에게 보여 줄 수 있었을 것이다.
그대가 태어났을 때
그대는 그것과 같이 있지 않았다.
그대가 죽을 때
그것과 함께 있지 않을 것이다.
아니다. 이 분노는 그대가 아니다.
어딘가에서 실수를 저질렀을 것이다.
가서 다시 생각해 보라.
다시 찾아 다시 명상해 보라.

141.

사랑.
신은 모든 방식으로 정제시킨다.
불을 통해 정제되는 것은 금뿐만이 아니다.

인간도 그러하다.

왜냐하면 인간에게 이 불은 사랑의 분노이기 때문이다.

이 불이 개인의 삶 속으로 들어 갈 때 그것은 축복이 된다.

그것은 무한한 기도와 무한한 출생의 산물이다.

마침내 사랑으로 바꿔주는 것은 갈증의 강렬함이다.

그러나 불행하게도 그것을 반기는 사람은 매우 적다.

왜냐하면 분노의 형태로 된 사랑을 알아채는 사람이 매우 적기 때문이다.

사랑은 왕좌가 아니라 십자가이다.

그러나 그들 자신을 기꺼이 제공하는 사람은 가장 높은 왕좌를 얻는다.

십자가는 볼 수 있으나, 왕좌는 그렇지 않다.

그것은 항시 십자가 뒤에 숨어 있다.

심지어 예수조차도 잠시 망설였다.

심지어 그의 가슴이 울며 외쳤다.

"하나님, 어찌하여 나를 버리셨나이까?"

그러나 바로 다음에 그는 기억해 내고 말했다.

"당신의 뜻대로 하옵소서!"

그것으로 충분했다.

십자가는 왕좌가 되었다.

죽음은 새로운 생명을 얻었다.

한 진술과 다음 진술 사이에 놓인 혁명의 순간에
그리스도(Christ)는 예수로 강림하였다.

그대의 고통은 강렬하다. 새로운 탄생이 임박했다.
행복해 하라. 감사해 하라.
죽음을 두려워 마라.
감사해 하라.
그것은 새로운 탄생의 물결이다.
옛것은 새로운 것의 탄생을 위해 반드시 죽어야 한다.
씨는 꽃으로 피어나기 위해 자기를 부수어야 한다.

142.

사랑.
억압된 것은 매혹적이다.
부정된 것은 유혹이다.
마인드 게임의 변경은 자유를 가져다 준다.
부정은 진실로 부정이 아니다.
반대로 그것은 유혹이다.
그것은 마치 뽑은 이 사이를 움직이는 혀처럼
금지된 것 둘레에서 움직인다.

런던에 조그만 가게 주인이 한때 화제가 된 적이 있다.

그는 가게 쇼 윈도우에 가운데 자그마한 구멍을 낸 검은 커튼을 걸었다.

구멍 아래에는 다음과 같은 커다란 글씨가 적혀 있었다.

'엿보는 것을 엄격히 금지합니다.'

당연히 많은 교통 정체와 인원이 가게 둘레에 몰려

서로서로 가게 안을 엿보고자 다투었다.

그들은 몇 개의 수건 외에는 아무 것도 볼 수 없었다.

그것은 조그만 수건 가게였다.

가게 주인은 판매를 늘리기 위해 확실히 효과를 볼 수 있는 이 방법을 고안해 냈다.

그것은 마법처럼 작동했다.

인간의 마음은 동일한 방식으로 작동한다.

그는 덫에 걸린 것이다.

그러므로 부정, 반대, 억압을 항시 주의하라.

143.

사랑과 축복.

진실되게 살아라.

왜냐하면 그것을 발견하기 위한 다른 길은 없기 때문이다.

진실이 되어라.

왜냐하면 그것을 알기 위한 다른 길은 없기 때문이다.

그대는 말이나 경전 혹은 연구나 공부, 생각을 통하여 진리를 알 수 없다.

진리는 안, 텅빔의 안에 있다.

마음이 없는 상태, 마음이 욕망으로부터 자유로운,

단지 의식만이 남아 있는 곳에서

진리는 저절로 드러난다.

진리는 단순하다.

그것은 발견되는 것이 아니다.

단순히 드러나는 것이다.

그것을 덮고 있는 금 덮개는 자아이다.

자아는 어둠이다.

그것은 죽어 빛이 되어야 한다.

자아란 어둠이 있는 곳에서

텅빔 속 진리는 더 이상 없다.

그것이 진리이다.

그것이 축복이다.

그것이 불멸이다.

그것을 구하려 하지 마라.

그냥 죽어라.

그것은 거기에 있다.

144.

사랑.

그대의 편지를 받아 기뻤다.

그렇다.

이 많은 고통을 견디고 통과해야만 한다.

그것은 우리 자신의 재탄생을 위한 출산의 고통이다.

되돌아가는 것은 불가능하다.

왜냐하면 되돌아가고자 하는 과거가 없기 때문이다.

시간은 우리가 현재에 도달한 계단을 부수어 버린다.

되돌아 갈 수 있는 방법은 없다.

오직 앞으로 가는 것만이 가능하다.

앞으로! 앞으로!

그 여행은 끝이 없다.

거기에는 목표도, 목적지도 없다.

설치하자마자 해체해야 하는 텐트가 있는

오직 쉼터만이 있을 뿐이다.

그러나 왜 혼란을 두려워하는가?

모든 시스템은 가짜이다.

삶은 혼란이며 불안하다.

안전을 구하는 자는 죽음 앞에서 죽는다.

죽고자 하는 이 서두름은 왜인가?

죽음 그 자체는 우리들을 위해 그것을 돌볼 것이다.

그러므로 우리가 죽는 법을 배우는 것은 옳지 않다.

기적이란

죽음이 어떻게 사는 가를 배우는 사람들을 부르지 않는다는 것이다.

이것만이 필요한 것이다.

농부는 씨앗을 뿌린 후에 조용히 기다리지 않는가?

그대가 나를 필요로 할 때마다 그대는 그대 곁에 있는 나를 찾을 수 있다.

거기 있는 모두에게 안부를.

145.

사랑.

무신론은 유신론으로 가기 위한 첫 걸음이다.

그리고 반드시 그래야 한다.

만일 그대가 무신론이란 불을 거치지 않는다면

그대는 유신론이란 빛을 결코 알 수 없을 것이다.

만일 그대가 '아니요'라고 말할 수 있는 참된 힘을 가지고 있지 않다면

그대의 '예'는 항시 불능에 머물 것이다.

그러므로 나는 그대가 무신론자라는 소리에 기뻤다.

그것은 유신론자가 할 수 있는 소리이기 때문이다.

그러므로 나는 말한다.

"무신론으로 더 깊이 들어가라!"

가식은 그렇게 할 수 없다.

그러므로 무신론을 생각하지 마라. 그것을 살아라.

그것은 궁극적으로 그대를 신으로 이끌 것이다.

무신론은 그렇지 못하다.

그것은 단순한 의심이다.

의심은 좋으나 그것은 그렇지 못하다.

실제로 의심은 진실을 추구하는 것이다.

그러므로 그대의 여행을 계속하라.

왜냐하면 진리로 가는 길은 의심과 더불어 시작되기 때문이다.

의심은 정신적 수행이다.

왜냐하면 의심은 실제적으로 명백한 진리를 드러낸다.

의심이란 씨앗은 진실의 나무이다.

그러므로 만일 그대가 질문이란 씨앗을 심고

그것을 돌본다면

그대는 믿음을 수확할 수 있을 것이다.

모든 종교를 의식하라.

오직 종교만이 종교로 가는 참된 길의 방해물이다.

146.

사랑.

꿈 역시 진실이다.

왜냐하면 우리가 진실이라 부르는 것은 단지 꿈이기 때문이다.

그것은 뜬 눈과 감은 눈의 차이일 뿐이다.

이것을 완전히 이해하라.

그러면 둘 다를 넘어설 수 있고

그 길은 이 두 개 너머에 놓여있다.

둘 다 보여지는 것이고 둘 너머에는 보는 사람이 있다.

147.

사랑.

씨앗은 씨앗일 뿐만 아니라

인간 역시 씨앗이다.

씨앗만이 꽃을 피우는 것이 아니라.

인간 역시 꽃핀다.

씨앗만이 꽃을 피우는 것은 아니다.

148.

사랑.

만일 의심이 없다면 어떻게 탐구가 시작될 수 있는가?

만일 의심이 없다면 어떻게 가슴은 진리를 알기 위해 깨어날 수 있는가?

기억하라.

믿음과 신앙은 인간을 묶는다는 것을,

의심은 인간을 해방시킨다는 것을.

149.

사랑.

그대의 편지를 받아 기뻤다.

지금 사랑을 그대의 기도로 만들어라.

사랑만이 숭배이고 신이다.

모든 숨결마다 사랑이 함께 하도록 하라.

이것이 그대의 유일한 정신적 수행이다.

앉아 있거나 서 있거나 자거나 걷거나

항상 사랑을 기억하라.

그러면 그의 사원이 멀지 않았음을 그대는 볼 것이다.

150.

사랑.

신은 그대를 매 순간 시험하고 있다.

웃고 쉬어라.

그가 그대를 시험할 가치가 있다고 여기는 것은 아름답다.

그러나 서두르지 마라.

왜냐하면 그대가 서두를수록 목표가 뒤로 더 후퇴할 것이다.

의심이 없다면 신의 사원은 그것과 같은 목표이다.

인내를 가지고 여행하는 그는 이 여행을 가장 빨리 할 수 있다.

마음은 반복해서 방황한다.

그것이 마음의 길이다.

방황을 멈추는 날

마음은 죽을 것이다.

때로는 그것은 잠을 잔다.

때로는 그것은 피곤해 한다.

죽음을 위해 이런 실수를 저지르지 마라.

어떤 이는 휴식을 취하고

어떤 이는 잠을 잔다.

그리고 기운을 회복하고 다시 생생해진다.

그러므로 그것에 대해 신경 쓰는 것을 멈춰라.

왜냐하면 이러한 근심조차도 힘을 준다.

이것조차 신에게 내려놓아라.

그에게 말하라.

"좋은 것이든 나쁜 것이든

받아들이겠다.

그리고 목격자가 되겠다."

전체 유희를 단지 관찰해라.

초연함을 가지고 마음의 유희를 관찰하라

그러면 갑자기 마음이 없는 의식을 갖게 될 것이다.

151.

사랑.

우리가 어떻게 그를 가까이서 볼 수 있는가 하는 것을

모르기 때문에 신은 멀리 있다.

실제 그보다 더 가까이 있는 것은 아무 것도 없다.

그는 지금 여기에 있다.

신이란 이름은 지금 여기에 있는 것을 발견하지 못한 자들을 위한

것이다.

말, 이름, 교리, 경전, 종교, 철학

모든 이러한 것들은 그를 멀리서 밖에 볼 수 없는 자들을 위해 만들

어졌다.

그러므로 그들은 신과 연관이 없다.

그리고 가까이 있는 것을 보지 못하는 자들과 연관이 있다.
그래서 나는 이야기한다. 거리를 버리라고.
하늘에 있는 천국을 버려라.
미래에 대한 희망을 버려라.
시간과 공간에 있는 가까운 것을 보아라.
여기 지금 있어라. 그리고 보아라!
시간 안에서 찰나를 보아라.
공간 안에서 원자를 보아라.
시간 안에서 찰나란 시간은 존재를 멈춘다.
공간 안에서 원자란 공간은 존재를 멈춘다.
거기에는 공간도, 시간도 없고 지금 여기만 있다.

남은 것이 진리이며 신이며 그것이다.
그대 역시 그것이다.
그대가 그것이다.

152.

사랑.
종교 역시 매 시대마다 새로이 탄생해야 한다.
모든 종류의 육체는 늙고 죽는다.
종파는 종교의 죽은 몸이다.
그들의 영혼은 오래 전에 그들을 떠났다.

그들의 언어는 구시대의 산물이 되었다.

이것이 왜 그들이 더 이상 인간의 가슴을 감동시키지 못하는 이유이다.

그들의 공감은 인간의 영혼 안에서 더 이상 울리지 않는다.

한번은 닥터 존 허튼(Dr. John A. Hutton)이

성직자들이 모인 자리에서 말하면서 물었다.

"왜 종교 지도자들의 설교는 이토록 생명력이 없고 지겨운가요?"

아무도 대답을 하지 못하고 있을 때

그는 자신에게 다음과 같이 대답하였다.

"그들은 모두 어리석다.

왜냐하면 설교자들은 아무도 묻지 않는 질문에 대답하고자 노력하기 때문이다."

종교다움은 영원하다.

그러나 그것의 몸체는 항상 현대적이어야 한다.

육체는 영원하지도, 할 수도 없다.

종교라고 하는 몸체도 마찬가지이다.

153.

사랑.

두려움을 버려라.

왜냐하면 그대가 그것을 붙잡는 순간, 그것은 배(倍)가 되기 때문이다.

그것에 집착하는 것은 그것을 살찌우는 것이다.

그러나 두려움을 버리는 것이 그것과 다투는 것을 의미하지는 않는다.

다툰다는 것은 또한 그것에 집착하는 것이다.

두려움이 무엇인지를 알도록 하라.

그것으로부터 도망가지 마라.

탈출하지 마라.

삶에는 두려움이 있다.

거기에는 불안이 있다.

거기에는 죽음이 있다.

단지 이것을 알아라.

이 모든 것이 삶의 사실이다.

그것들로부터 어디로 도망치겠는가?

삶 그 자체는 이러한 것이다.

그것을 받아들이는 것, 그것을 자연스럽게 받아들이는 것이

두려움으로부터 자유로워지는 것이다.

두려움을 받아들인다면 그것은 어디에 있는가?

죽음을 받아들인다면 그것은 어디에 있는가?

불안을 받아들인다면 그것은 어디에 있는가?

삶을 있는 그대로 받아들이는 것,

나는 그것을 고행자가 되는 것이라고, 길 위의 입문식이라고 부른다.

154.

사랑.
명상을 하는 것은 시간의 문제가 아니라 의지의 문제이다.
만일 의지가 전체적이라면 명상은 순간 발생한다.
의지가 없는 마음은 수십 번의 삶 동안에 방황할 수 있다.
의지를 굳건히 하라.
의지를 갈고 다듬어라.

의지를 전체적으로 만들어라.
그렇게 하면 명상이 스스로 그대 문을 두드릴 것이다.
명상이 부재하는 한 마음은 사람을 확실히 괴롭힐 것이다.
마음은 명상의 부재이다.
그것은 어둠이 빛의 부재이다.
빛이 도착하면 어둠은 사라진다.
명상이 도착하면 마음은 사라진다.
그러므로 지금 명상에 몰입하라.
그러면 다른 모든 것은 스스로 따라올 것이다.

155.

사랑.
세상은 불행하지도 행복하지도 않다.

세상은 우리가 그것을 보는 대로 보인다.

우리가 보는 것이 세상이다.

모든 사람은 그 자신만의 세상의 창조자이다.

만일 삶의 모든 순간이 그대에게 불행을 준다면,

그 실수는 그대 자신의 시선 안 어디인가에 있다.

만일 그대가 볼 수 있는 주변이 전부 어둠이라면

그대는 빛을 볼 수 있는 눈을 확실히 감고 있는 것이다.

그대 자신에게 신선한 사고를 주어라.

새로운 각도에서 그대 자신을 보아라.

만일 그대가 타인을 비난한다면

그대는 그대 자신의 실수를 결코 볼 수 없을 것이다.

만일 그대가 처지를 비난한다면

그대는 그대 자신의 정신 상태의 바닥에 도달하지 못할 것이다.

그러므로 어떠한 상황이 되더라도 그대 안에서 원인을 찾도록 노력
하라.

원인은 항시 자기 자신 안에 있다.

그러나 그것들은 마치 타인 안에 있는 것처럼 보인다.

이 실수를 피하라.

그대의 불행을 안는 것은 어려운 일이 될 것이다.

다른 것은 단지 거울로써 작동한다.

보여진 얼굴은 항시 우리 것이다.

삶은 축복이 될 수 있다.

그러나 자신을 새롭게 만드는 것이 필수적이다.

그것은 어려운 일이 아니다.

왜냐하면 자신의 시선 안에 놓인 자신의 실수를 보는 것으로 실수
는 죽기 시작한다.

새로운 인간의 탄생이 시작된다.

156.

사랑.

그대 자신과 다투지 마라.

이러한 다툼은 쓸 데가 없다.

왜냐하면 승리는 결코 그것을 통해 오지 않기 때문이다.

자신과 다투는 것은

점진적 자살이다.

그대 자신을 받아 들여라.

행복하게 감사히 말이다.

그것이 무엇이든지 좋다.

섹스가 되든지, 분노가 되든지 말이다.

왜냐하면 그것이 무엇이든지

그것은 신성으로부터 나온다.

그것을 받아들이고 이해하라.

그것 안에 자리한 숨겨진 잠재성을 찾고 개발하라.

그러면 섹스조차도 신성으로 가는 씨앗이 될 것이다.

분노도 용서로 가는 문이 될 것이다.

악은 선(善)의 적이 아니다.

차라리, 악은 단지 갇힌 선일 뿐이다.

157.

사랑.

명상을 추구하라.

그러면 모든 마음의 문제는 사라질 것이다.

실제 마음이 문제이다.

모든 문제는 마음의 반향일 뿐이다.

모든 문제를 따로 다투는 것에서는 아무 것도 나오지 않는다.

반향과 다투는 것은 무용하다.

거기서는 오직 패배만이 나올 뿐이다.

가지를 치지 마라.

왜냐하면 네 개의 다른 가지가 하나의 다른 가지를 대신할 것이기

때문이다.

가지를 침으로써

나무는 더 성장할 수 있다.

문제는 가지들이다.

만일 그대가 전부 잘라내기를 원한다면

뿌리를 잘라라.

왜냐하면 뿌리를 자르면

가지는 저절로 사라질 것이다.

마음은 뿌리이다.

명상으로 이 뿌리를 잘라라.

마음이 문제이다.

명상이 해결이다.

마음은 해결을 모른다.

명상은 문제를 모른다.

왜냐하면 마음에는 명상이 없기 때문이다.

왜냐하면 명상에는 마음이 없기 때문이다.

명상의 부재가 마음이다.

마음의 사라짐이 명상이다.

이것이 내가 '명상을 추구하라'라고 말하는 까닭이다.

158.

사랑.

서두르지 마라.

인내를 유지하라.

인내는 명상을 위한 비료이다.

명상하여라.

열매가 곧 열릴 것이며 항상 그렇게 될 것이다.

그러나 열매에 대해 걱정하지 마라.

왜냐하면 이러한 근심 자체는 열매에게는 장애물이 되기 때문이다.

왜냐하면 이러한 걱정은 명상으로부터 주의를 흩어놓기 때문이다.

명상은 완전한 집중을 요구한다.

나눠지게 되면 그렇게 될 수 없다.

부분성은 그렇게 할 수 없다.

명상은 그대의 전체성 없이는 불가능하다.

그러므로 명상 행위에 머무르고,

명상이란 과일은 신의 손에 맡겨라.

그러면 열매가 열릴 것이다.

왜냐하면 명상에 자신을 완전히 맡기는 것은

열매 맺음의 시작이기 때문이다.

159.

사랑.

삶은 시간이나 공간으로 나눌 수 없다.

만일 삶이 어떤 것이라면

그것은 나눠지지 않음이다.

과거, 현재, 미래.

이러한 것들은 시간의 나눠지지 않는 흐름 위에

인간이 그어 놓은 선이다.

실제로 그것은 인간의 마음 외에 그 어느 곳에도 없다.

마음은 시간이다.

비슷하게 공간 또한 나눠지지 않았다.

육체는 개인의 한계가 아니다.

실제로 전체가 유한이든 무한이든 하는 것은 인간의 한계이다.

그러나 마음은 나누지 않고는 안정을 취할 수 없다.

마음은 프리즘(prizm)같아서 나눠 놓는 것이 그것의 일이다.

그것을 지나는 존재의 빛은 많은 층과 색으로 나뉘게 된다.

뿌리에 하나로 있다가 가지가 되어서는 수많은 것으로 변한다.

뿌리는 영원하다, 시작이 없다, 끝이 없다.

가지는 시간 안에 존재한다.

거기에는 시작도 끝도 있다.

가지는 변한다.

뿌리는 영원하다.

뿌리는 변하지도 변할 수도 없다.

그렇다.

사람은 변하는 것을 욕망할 수 있다.

그러면 이러한 욕망은 불가피하게 사람을 실패와 분노로 인도한다.

가지는 쉼 없이 변한다.

그들은 변함을 멈출 수 없다.

그러나 확실히 변하지 않는 것을 원할 수도 있다.

그러면 이러한 욕망은 불가피하게 자신을 실패와 분노로 변형시킨다.

서양은 실패와 분노에 있어 첫 번째 경우이다.

동양은 실패와 분노에 있어 두 번째 경우이다.

지금까지 인간은 성공하였을 뿐 아니라 꽃 핀 이런 문화에게도 새로운 탄생을 줄 수 없었다.

나는 위에서 두 가지 실재에 대해 이야기 하였다.

뿌리란 실재와 가지란 실재가 그것인데
그것은 영원한 법과 일시적인 법을 말한다.
어느 한 쪽에 치우치지 않는,
건축에서 아치 형태로 된 문을 만들기 위해
반대편 벽돌을 사용하듯이
반대 극(極)의 긴장을 사용할 수 있는,
치우치지 않은 조화로운 균형을 이루는 환경 속에서 문화가 탄생할
것이다.

삶의 진리란 다원적이다.
삶이란 흐름은 강둑에서 항상 반대 둑을 택해 흐른다.

160.

사랑.

우리는 삶을 알지 못한다. 그것이 우리가 지루해 하는 이유이다.

우리는 삶을 기계적으로 만든다. 그것이 우리가 지루해 하는 이유이다.

우리는 삶을 살아가지 못한다. 우리는 단지 끌려 다닐 뿐이다.

그것이 우리가 지루해 하는 이유이다.

지루함은 삶 안에 없다.

차라리 그것은 삶에 대한 우리의 두려움에서 나온다.

우리는 죽음을 두려워할 뿐 아니라

삶도 두려워한다.

실제, 우리는 삶을 두려워하기 때문에 죽음을 두려워한다.

그렇지 않으면 죽음은 삶의 끝이 아니다.

그것은 삶의 완성이다.

이것이 내가 "두려움 없이 살아라!"라고 말하는 이유이다.

과거의 것을 버려라.

인간은 두려움 때문에 항상 그것을 가지고 다닌다.

미래라는 꿈을 초대하지 마라.

왜냐하면 오늘 사는 것을 피하기 위해

인간은 미래에 사는 것을 계획한다.

오늘을 살아라. 지금 여기에서.

어제처럼 지나간 내일, 아직 오지 않은 내일은 기만이다.

오직 이 순간만이

오직 이 순간만이 영원하다.

161.

사랑.
삶은 수수께끼이다.
살아야 한다.
삶으로써 알 수 있다.
그러나 기계적 문제처럼 해결할 수 없다.
그것은 문제가 아니라 도전이다.
그것은 질문이 아니라 모험이다.
그러므로 삶에 대해 질문을 요구하는 사람들은
이 행위로 인해 평생 대답을 구하지 못한 채로 남는다.
아니면 대답이 아닌 대답을 구한다.
그것은 경전으로부터 얻은 대답이다.
실제 다른 어떤 소스로부터 얻은 대답은 대답이 될 수 없다.
왜냐하면 삶의 진실은 빌릴 수 없기 때문이다.
아니면 이런 질문들은 자신들의 대답을 직조한다.
따라서 그들은 틀림없이 해결이 아니라 위로를 얻었을 것이다.
왜냐하면 직조된 대답은 대답이 아니기 때문이다.
경험만이 대답이 될 수 있다.
그러므로 나는 "묻지 마라"라고 이야기 한다. 살고 알아라.
이것이 철학과 종교의 차이이다.

묻는다는 것은 철학이고, 산다는 것은 종교이다.

흥미로운 것은 철학은 묻기는 하나 대답을 구하지 못하고,

종교는 전혀 묻지 않으나 대답을 얻는다는 것이다.

162.

사랑.

사회는 개인들이 모인 집합에 불과하다.

그러므로 당연히 필연적으로

사회는 개인들 마인드들의 반영이다.

만일 개별 마인드들에게 평화가 없다면

사회도 평화로이 될 수 없다.

개별 마인드의 급진적 변형만이 사회에 평화를 가져다 줄 수 있다.

다른 대안은 없다.

지름길도 없다.

개인의 변형을 위한 기술은 명상이다.

더 많은 사람들이 명상해야만

어떤 것이 가능하다.

그것이 신성 안에서 쉼터를 찾는 유일한 길이다.

1971

163.

그대는 보이지 않는 것을 보이게끔 하는 방법을 물었다.

볼 수 있는 것에 집중하라.

보지 말고, 집중하라.

꽃을 볼 때에는 그대의 온 존재가 눈이 되도록 하라.

새 소리를 들을 때에는 그대의 온 육체와 영혼이 귀가 되도록 하여라.

그대가 꽃을 볼 때 생각하지 마라.

그대가 새 소리를 들을 때 숙고하지 마라.

그대의 온 의식이 보도록, 듣도록, 냄새 맡도록, 만지도록 하게 하라.

왜냐하면

볼 수 있는 것을 볼 수 없다는 것은 감각의 옅음에 기인한다.

미지의 것은 미지인 채로 남는다.

감각을 갈고 다듬어라.

감각 안에서 수영하지 마라. 그것에 빠져라.

나는 그것을 명상이라 부른다.

명상 안에서 보이는 자는 사라진다.

마침내 보는 자도 사라진다.

거기에는 '봄(見)'만이 남는다.

보이지 않는 것을 볼 수 있게 되고

알 수 없는 것을 알 수 있게 되는 것이

이 봄 안에서이다.

미지의 것조차 알 수 있게 된다.

내가 적는 것은 무엇이든 간에 기억하라.

이것에 대해 생각하지 말고 행동하라.

어떤 이론을 만듦으로써 얻을 수 있는 것은 아무 것도 없다.

자신을 바라보는 것 이외에 다른 문은 없다.

164.

사랑.

그대는 목적지까지 얼마나 먼가라고 묻는다.

아, 목적지까지는 매우 멀다. 또한 매우 가깝다.

목적지의 멀고 가까움은 목적지에 달려 있는 것이 아니라 그대 자신에 달려 있다.

의지가 깊을수록 목적지는 가까이 있다.

만일 의지가 전체적이라면 그대 자신이 목적지이다.

165.

사랑.
말은 사물이 아니다.
신이란 단어는 신이 아니다.
그러나 마음은 말을 쌓아만 간다.
그리하여 어느 날 말은 장벽이 된다.

그대와 함께 사실로써 이것을 보라.
말없이 어떤 것을 볼 수 있는가?
말없이 한 순간이라도 살 수 있는가?
생각하지 말고 보라.
그러면 그대는 명상 속에 있을 것이다.

말없이 존재한다는 것은 명상 속에 있는 것이다.

166.

사랑.

항상 사물을 있는 대로 보라.

사물을 있는 대로.

어떤 것도 투영하지 마라.

해석하지 마라.

어떤 의미도 부과하지 마라.

그대의 마음이 해석하도록 허락하지 마라.

그러면 그대는 진실을 만나기 시작할 것이다.

그렇지 않으면 모든 사람은 자신들만의 꿈 세상에서 산다.

명상은 이러한 세상에서 나온 것이다.

이것이 꿈꾸는 패턴이다.

어떤 철학자가 길 위에서 지나가던 물라 나스루딘을 세웠다.

물라가 철학적 지식에 민감한지 어떤지 확인하기 위해

그는 하늘을 가리키며 신호를 보냈다.

철학자가 의미했던 것은 "모든 것을 덮는 한 개의 진실만이 있다."
였다.

보통 사람이었던 나스루딘의 동료는 철학자가 미쳤다고 생각했다.

나는 나스루딘이 어떤 조심스런 조치를 취할 것인지 궁금해졌다.

그는 자신의 배낭에서 줄을 꺼내 자신의 동료에게 건네주었다.

"좋아!"라고 동료는 생각했다.

그가 난폭해진다면 우리는 그를 묶을 것이다.

철학자는 나스루딘이 의미하는 바를 다음과 같이 이해했다.

정상적인 사람은 밧줄을 타고 하늘로 오르려는 적절하지 않은 시도로 진리를 발견하려 노력한다.

지금 그대는 어떻든 간에
어떤 해석 없이 동료에게 밧줄을 주는
나스루딘의 사실에 만족한 채 남을 수 있는가?

사실과 함께 남으라. 그대는 명상 속에 있을 것이다.

167.

사랑.
자아는 고통이나 쾌락을 위해 필수적이다.
반대도 마찬가지이다.
고통이나 쾌락을 느끼는 것은
자아의 존재를 위해 필수적이다.
사실 이 두 개는 동일 동전의 양면이다.
동전의 이름은 무지이다.

이것을 이해하라.
자아와 다투지 마라.
고통이나 쾌락도 마찬가지이다.
왜냐하면 무지가 사라지지 않는 한
그들은 가지 않을 것이다, 갈 수 없을 것이다.

그대는 무지와 싸울 수 없다.

왜냐하면 무지는 단지 어떤 것의 부재일 뿐이다.

그대 자신의 부재이다.

그러므로 그대의 무지와 함께 하라.

그것을 의식하라.

그러면 그대는 더 이상 무지하지 않게 될 것이다.

왜냐하면 그대와 무지는 빛과 어둠처럼 동시에 존재할 수 없기 때문이다.

168.

사랑.

자신의 자그마한 손에 푼돈을 손에 쥔 어린 소년이 장난감 가게에 들어왔다.

무엇을 살 것인지 마음을 정하지 않고,

그는 이것저것 모든 것을 보여 달라며

가게 주인의 주의를 끌었다.

"얘야!"라고 마침내 가게 주인이 말했다.

"너는 이 푼돈을 가지고 무엇을 하려 하니?

혹시 담으로 둘러싸인 세계를 사려하니?"

소년이 잠시 머뭇거리더니 대답했다.

"좀 살펴보고요."

나는 그대에게 이 세상 어느 누구도
조그만 소년과 다르지 않다고 일상적으로 이야기 한다.
그러나 만일 어느 누군가가 다르지 않다면 그는 성숙하지 않은 것
이다.
성숙은 나이만 먹었다고 오지 않는다.
성숙은
가능한 것과 가능하지 않은 것 사이의 차이에 대한 이해를 통해 이
루어진다.

169.

사랑.
사물은 스스로 변화한다.
그대는 그것들을 반영해야 한다.
그대는 그것들을 고려해야 한다.
그러나 거울은 동일한 채 남아 있음을 항상 기억하라.
비춰보는 것이 거울이 거울을 바꿔주지는 않는다.
비춰보는 것을 동일시하지 마라.
그대가 거울임을 기억하라.
그것이 목격함이라고 하는 의미이다.
목격함은 명상이다.

열자(列子)가 포훈우젠(Pohunwujen)에게 자신의 활솜씨를 뽐냈다.

온 힘을 다해 시위를 당기고

자신의 팔꿈치 위에 물 컵 하나를 얹어 놓고 화살을 쏘기 시작했다.

첫 번째 화살이 날아가자마자

두 번째 화살의 시위가 이미 당겨졌다. 그리고 세 번째 화살이 뒤따랐다.

한편 그는 동상처럼 움직이지 않고 서 있었다.

포훈이 말하였다. "그대의 활 쏘는 솜씨는 뛰어나구려.

그러나 그것은 여전히 기술에 지나지 않구려. 그대는 동상처럼 보이는구려.

자, 이제 우리 높은 산에 올라 봅시다.

벼랑에서 튀어 나온 바위 위에 서서 화살을 쏘아 봅시다."

그들은 산에 올랐다.

벼랑에서 튀어 나온 바위 위에 서서

높이는 3,000m 이상이었다.

포훈은 자신의 발의 3분의 1이 바위 위에 걸칠 때까지

뒤로 물러났다.

그런 다음 그는 열자에게 앞으로 오라고 말하였다.

열자가 발뒤꿈치로 흐르는 땀과 함께 땅으로 쓰러졌다.

포훈이 말하였다.

완전한 인간은 파란 하늘 위로 날아오르거나

노란 샘(泉) 속으로 뛰어 들거나

아니면 사방팔방을 돌아다닐 것이다.

그렇게 하더라도 그의 의식에 어떤 변화도 있지 않을 것이다.

그러나 그대는 동요하고 있다.

그대는 멍한 눈을 하고 있다.

그대는 어떻게 목표를 맞출 수 있겠는가?

170.

사랑.

질문을 하고 싶은가?

아니면 대답을 얻고 싶은가?

왜냐하면 만일 그대가 질문을 하면

그대는 대답을 얻지 못할 것이다.

만일 대답 얻기를 원한다면

그대는 질문해서는 안된다.

왜냐하면 대답은

질문이 아직 떠오르지 않은,

뿌리가 뽑혀 내 던져진 그 의식 속에 있기 때문이다.

171.

사랑.

나는 그대가 깊은 명상으로 잠기기를 희망한다.

그 안에서 숨을 쉬어라.

그것과 함께 잠을 자라.

그것 안에서 살아라.

명상이 그대 자신의 존재가 되도록 하여라.

이것은 단지 저절로 일어나는 것이다.

그것을 인위적으로 하지 마라.

그러나 그것이 되어라.

나의 축복은 늘 그대와 함께 한다.

만일 그대가 나로부터 어떤 도움을 필요로 한다면

그대가 무사고(無思考)일 때 질문하라.

그러면 대답을 얻을 것이다.

172.

사랑.

어떤 미친 사람이 시장에 와서 소리를 질렀다.

"달은 태양보다 유용하다!"

왜냐고 어떤 사람이 묻자,

"낮 동안보다 밤 동안에 우리는 더 많은 빛을 필요로 한다."라고 그가 답했다.

나는 그대에게

"모든 우리의 형이상학 이론과 설명은

이 미친 사람의 설명보다 더 가치 있지 않다."고 말한다.

173.

사랑.

아무 것도 요구하지 않으면 그대는 결코 좌절하지 않을 것이다.

빛이 있는 어둠을, 행복이 있는 슬픔을 기대하라.

왜냐하면 이것이 자연의 이치이기 때문이다.

그러면 그대는 결코 좌절하지 않을 것이다.

삶에게 나는 이야기 한다.

"나를 위해 그대는 무엇을 할 수 있는가? 나는 아무 것도 원하지 않는다."

죽음에게 나는 이야기 한다.

"나를 위해 그대는 무엇을 할 수 있는가? 나는 이미 죽었다."

그러면 그대는 진실로 자유로워질 것이다.

왜냐하면 어떤 사람이 삶으로부터 자유로워지지 못한다면

그는 죽음으로부터도 자유로울 수 없기 때문이다.

이 둘 다로부터 자유로워질 때

그는 삶이란 그 자체로 영원한 것임을 안다.

174.

사랑.
인간은 항시 부족한 존재이다.
왜냐하면 그는 자신을 알지 못하고 바란다.
왜냐하면 그는 그의 존재를 알지 못하고 어떤 것이 되기를 원한다.
이것은 어리석은 것이다.

먼저 자신의 존재를 알아야 한다.
그렇지 않으면 분노가 일 것이다.

되어감은 분노이다.
왜냐하면 그것은 현재 상태와 되어야 하는 상태 사이에 놓인
끊임없는 긴장이기 때문이다.
바라는 것은 또한 불가능하다.
왜냐하면 그것만이 있는 대로 가능하기 때문이다.

그러므로 그대 자신에게 어떤 생각도 부여하지 않고,
어떤 판단도 하지 않고
그대 자신을 있는 그대로 알아라.
되고자 하는 어떤 욕망도 없이 그대 자신 안으로 깊이 들어가라.
왜냐하면 그래야만이 그대 자신을 알 수 있다.

어떤 다른 사람에 따라서가 아닌

있는 그대로써의
그대 자신을 발견하라.
사실을 발견하라.
완전한 발가벗음 안에서
진짜를 발견하라.

이러한 전체적 권위 안에서 목격자가 되어라.
그러면 삶에 다른 질적 차원이 열릴 것이다.
그것은 자유 상태이다.
그리고 나서야 사람은 완전히 쉴 수 있다.
모든 꽃핌과 축복은 휴식 안에 있다.

175.

사랑.
두려움은 의식을 절름발이로 만든다.
두려움은 무의식의 원천이다.
이것이 두려움을 초월하지 않고서는
아무도 완전한 의식을 얻지 못하는 이유이다.

그러나 두려움이란 무엇인가?
두려움은 죽음에 대한 의식이다, 죽음이 무엇인지 알지 못하는 것
이다.

두려움은 그대와 그대의 죽음 사이에 존재하는 간격이다.
만일 그 간격이, 공간이 없다면
두려움도 없다.

죽음을 그대 밖에 존재하는 어떤 것으로 생각하지 마라.
왜냐하면 그렇지 않기 때문이다.
죽음을 미래에 어떤 것으로 생각하지 마라.
왜냐하면 그렇지 않기 때문이다.

죽음은 그대 안에 있는 것이다.
왜냐하면 죽음은 삶의 다른 측면이기 때문이다.
삶은 죽음 없이 존재할 수 없다.
그 둘은 긍정과 부정으로써 존재하는 동일 에너지이다.

그러므로 그대 자신을 삶과 동일시하지 마라.
왜냐하면 그대는 둘 다이기 때문이다.
삶과 동일시하면 간격이 생긴다.
죽음은 미래와 아무 상관이 없다.
그것은 항상 지금 여기이다.
모든 순간이 그것이다.
그것을 그대 밖에 있는 것으로 여기지 않고,
말하자면 그것을 그대의 의식 안으로 가져 와
그것에 대한 생각을 동일시 할 수 있다면
그대는 완전히 변할 것이다.

그는 모든 진리 안에서 다시 태어날 것이다.

왜냐하면 거기에는 간격이 없기 때문이다.

176.

사랑.

사고(思考)는 필수적이나 충분하지 않다.

사람은 역시 삶을 알아야 한다.

그렇지 않으면

좋은 성(城)을 지었으나 그 안에서 살지 않을 운명이었던

쇠렌 키르케고르(Soren Kierkeggard)가 언급한 철학자처럼 될 것이다.

그는 자신과 타인을 위해 자신이 지었던 성 바로 옆에

자신을 가두었다.

명상은 생각하는 것이 아니라 사는 것이다.

나날이 순간에서 순간으로 살아라.

말하자면 그 안에서 살거나 그대 안에 그것을 들이는 것이다.

그것은 저 세상의 것이 아니다.

왜냐하면 모든 이러한 차이는 마음에서 나온다.

마음은 추론적이나 실존적이지 않다.

명상은 실존적이다.

그것은 사람이 매일 매일을 전체적으로 사는 것과 같다.

맹자가 "진리는 가까이 있으나 사람들은 그것을 멀리서 찾는다"라
고 이야기했을 때

그는 이것을 의미했다.

덕산(德山)이 그것에 대해 질문 받았을 때

그는 다음과 같이 답하였다.

"그대가 배가 고플 때 그대는 먹는다.

그대가 갈증을 느낄 때 그대는 마신다.

그대가 친구를 만날 때 그대는 상대를 반긴다."

그는 이것을 의미한다.

호코지(龐居士)는 다음과 같이 노래한다.

"이것은 얼마나 놀라운가! 얼마나 신비한가!

나는 연료를 운반할 수 있다. 나는 물을 끌어 올 수 있다."

그는 또한 이것을 의미한다.

그대가 나에게 가까이 올 때

내가 말하는 것은 무엇이든지

항상 이것을 의미한다.

그렇지 않으면

아니면 나는 다른 것을 말하지 않을 것이다.

그러나 나는 항상 이것을 의미한다.

177.

사랑.

종교는

한 사람에게서 다른 사람에게로 양도 할 수 없는 놀라운 경험이다.

그러나 거짓 성향이 있는 종교 경험의 전통이 있다.

왜냐하면 그것이 종교 경험의 본성이기 때문이다.

그러나 사람은 홀로 그 길을 가야만 한다.

다른 사람의 어떤 발자국도 타인을 인도할 수 없다.

바스라(Basra)의 하산(Hasan)이

"이슬람은 무엇이고 무슬림은 누구냐?"라는 질문을 받았다.

그는 다음과 같이 말하였다고 전해진다.

"이슬람은 책 속에 있다. 무슬림? 무슬림은 무덤 안에 있다."

178.

사랑.

세상 그 자체는 이미 충분한 벌(罰)이다.

그러므로 진실로 지옥이 있을 필요가 없다.

세 명의 부인이 있던 사람이 벌을 받고자 왕 앞에 끌려왔다.

왕은 재상들을 불러

가장 가혹한 형벌을 고안해 내라고 요구하였다.

그 중에는 죽음도 포함되어 있었다.

그러나 그들은 죄인의 사형을 요구하지 않았다.

대신에 그는 동시에 세 명의 부인들과 함께 사는 것보다 그에게 가장 가혹한 형벌은 없을 것이라 주장하였다.

2주 후에 그 남자는 자살을 하였다.

179.

사랑.

나는 특별한 교리나 철학 그리고 개념이나 지적 형식을 가지고 있지 않다.

또한 어떤 비이성적인 장치도 가지고 있지 않는데

그것을 통해 나는 그대를 미지의 것으로 인도할 수 있다.

나는 어떤 이론도 사고 체계도 믿지 않는다.

그러나 나는 어떤 실존적 상황을 믿는다.

그것을 통해 나는 그대를 미지의 것으로 던질 수 있다.

지적 이해는 이해가 아니라 기만이다.

이해는 항시 온 존재의 전체에 대한 것이다.

지식은 단지 부분적이고 사소한 것이다.

그러나 전체처럼 행동하여 항시 모든 종류의 어리석음을 양산한다.

그대의 지식을 동일시하지 마라.

그대 온 존재 안으로 녹아 들어라.

그러면 그대는 이해가 무엇인지 알 수 있을 것이다.
축복과 환희가 반드시 따라온다.

180.

사랑.
명상은 거울이다.
가장 믿을만한 것이다.
명상을 하는 자는 누구나
자신과 직면해야 하는 위험에 처할 것이다.
명상이란 거울은 결코 거짓말하지 않는다.
아첨하지 않는다.
그것은 치우치지도 않고 순수하다.
그것은 다른 어떤 것을 투영하지도 않는다.

만일 그대의 본래 모습, 원래 얼굴을 충실히 보여준다면

그 얼굴은 세상에 보여 준 적이 없는,

우리 스스로가 잊고 있었던 얼굴일 것이다.

그러므로 그대 자신이 처음으로 그것을 인정할 수 없는 일이 가능

하다.

그러나

그것으로부터 도망치지 마라.

그것과 맞서라. 그러면 그것을 알게 되고 인정하게 될 것이다.

이러한 맞닥뜨림은 내면으로 가는 용기의 첫 번째 시험이다.

그러므로 그러한 상황이 오면

즐거워하고 축복받았음을 느껴라.

181.

사랑.

그렇다. 여전히 긴장이 있다.

의식적으로 의식적이 된다는 것은 긴장을 하게 된다는 것이다.

그러나 그것은 의식적이 되어서 때문이 아니라

부분적으로 의식적이 되어서이다.

무의식은 항상 사람들이 이야기하는 의식 뒤에 있다.

이러한 상황이 긴장을 야기한다.

왜냐하면 이것이 이분법을, 이중성을, 긴장을 만들어내기 때문이다.
나누어질 수 없는 존재가 나누어진다.
따라서 긴장이 있다.

상황의 부자연스러움이 이 긴장의 근본 원인이다.
모든 긴장의 문제이다.
왜냐하면 하나는 개별자가 아니다.
말하자면 보이지 않는 자이다.
그러므로 긴장이 있다.
만일 본인이 본인이지 않으면
진실로 휴식할 수 없다.

깊은 꿈 없는 잠 안에서처럼 완전히 무의식이 되어라.
그러면 긴장이 없을 것이다.
아니면 완전히 의식적이 되어라.
그러면 그대는 긴장 없음의 상태가 될 것이다.
왜냐하면 전체는 긴장이 없는 상태이기 때문이다.
그것이 온전함이 신성한 이유이다.

그러나 최면 상태와 같은 깊은 잠에 빠진다는 것은
문제를 단지 회피하는 것이다.
그것은 또한 미봉책에 지나지 않는다.
그대는 다시 더 악화된 상태로 되돌아 올 것이다.
왜냐하면 이러한 일탈은

의식과 무의식 사이에 놓인 간격을 좁히지 못하기 때문이다.
그러나 반대로 더 넓힐 것이다.
사람은 갈라지고 정신분열증에 걸릴 것이다.

그러므로 마음을 항시 주의하라.
왜냐하면 그것은 많은 방법으로 무의식의 상태에서
의약품이나 자기 최면의 방법을 통해
위안을 찾으려 노력할 것이다.

예를 들어, 화나 질투나 자존심 등
일상적으로 무의식적으로 발생하는 어떤 것에 대해 의식하는 것으
로 시작해 보라.
그러면 그대의 의식은 깊어질 것이다.

예를 들어 걷거나 먹거나 말하는 등
일상의 행위조차도 의식적으로 하라.
그러면 그대의 의식은 확장될 것이다.

생각할 때 주의하라.
생각 없음의 상태가 목격되지 않은 채 통과되어야 한다.

그러다 보면 마지막에 폭발이 있을 것이다.
그 안에서 그대는 무의식이 없는 상태가 뒤로 남는
완전한 의식이 될 것이다.

이것이 발생하면 그대는 온전한 존재가 된다.
하나가 된다는 것은 침묵하는 것이다.
이 침묵은 시간과 공간을 넘어서는 것이다.
왜냐하면 이것은 이중성을 넘어서는 것이기 때문이다.

182.

사랑.
그대가 의식하지 못할 때 신은 존재한다.
그대가 의식할 때 신은 사라질 것이다.
왜냐하면 그대는 눈이 먼 상태이기 때문이다.
자아는 볼 수 없다.
자아는 의식할 수 없다.
자아는 무의식적인 삶의 부산물(副産物)로써만 존재한다.
사람은 잠을 자는 것처럼 삶을 살 수 있다.
이러한 잠 안에서
부분은 그것이 전체일 때 꿈꾸기 시작한다.
그리고 이 꿈은 전체를 아는데 방해물이 된다.

먼저 의식적이 되라.
그대의 행위, 사고, 감정을 의식하라.
단지 의식하라.
왜냐하면 만일 그대가 비난하거나 칭찬하면

그대는 의식하지 못할 것이다.

어떤 선택 안에서 의식은 오염될 것이다.

무의식이란 어둠이 개입할 것이다.

그러므로 단지 어떤 선택 없이 의식하라.

그러면 의식은 순진무구해 질 것이다.

의식은 거울이다.

거울 안에서 의식과 비슷한 것은 자신을 결코 발견할 수 없을 것이다.

그러나 그는 여여(如如)함을 발견할 것이다.

그것은 신이다.

그러나 그것은 그대가 준비가 되어 있지 않을 때 있다.

왜냐하면 그대는 거울을 더럽게 만드는 먼지이기 때문이다.

183.

사랑.

지식에는 세 가지 형태가 있다.

첫 번째 지적 지식이다.

그것은 사실 지식일 뿐 아니라 정보이기도 하다.

사실의 수집과 이것들의 활용은 지적 개념에 도달하기 위한 것이다.

두 번째는 감정적 지식이다.

그것은 또한 진짜 지식이 아니라 인간이 느끼는 정신적 상태이다.

그는 어떤 것을 알고 있다.

그러나 자신의 존재에 대한 변형이나 변화는 없다.

첫 번째는 객관적이고 그것으로부터 과학이 탄생한다.

두 번째는 주관적이고 모든 예술의 근원이다.

세 번째는 그 둘 다 아닌, 둘 다 너머에 있는 것이다.

이 세 번째가 진짜이다.

그것은 명상을 통해 얻을 수 있다.

왜냐하면 명상은 인식의 문으로써

사고와 감정을 사용하지 않는다.

진실로 이것들은 인식의 문이 아니라 투영의 힘이다.

그것들을 통해서 순수한 앎은 불가능하다.

그것들을 통해 오는 것은 무엇이든지

스스로 변한다.

그러므로 사람이 모든 투영으로부터 자유롭지 못하다면

사람은 사물의 본성을 알 수 없다.

의식 내에서 사고와 감정의 파장이 없을 때

그때서야 비로소

지식의 제 3의 형태가 발생하기 시작한다.

그것으로부터 종교가 탄생했고

그것으로부터 전체적 변형이 발생하였다.

184.

사랑.
여행은 길다.
길은 길이 없다.
사람은 홀로 가야 한다.
지도도 가이드도 없다.

그러나 다른 대안은 없다.
그것으로부터 탈출할 수 없다.
그것으로부터 피할 수 없다.
사람은 그 여행을 가야만 한다.

목표는 불가능한 것처럼 보인다.
그러나 하고자 하는 충동은 본능적이다.
필요성은 영혼 깊숙하게 들어 있다.

진실로 그대는 충동이다, 그대는 필요성이다.
그렇지 않으면 의식은 될 수 없다.
왜냐하면 이 도전에서, 이 모험에서 시작되는 것이기 때문이다.
그러므로 시간을 낭비하지 마라 - 시작하라.
계산하지 마라 - 시작하라.
망설이지 마라 - 시작하라.
뒤돌아보지 마라 - 시작하라.

노자의 말을 항시 기억하라.

커다란 나무도 자그마한 뿌리에서 시작한다.

여러 층의 탑도 벽돌 하나하나를 쌓음으로써 만들어진다.

천리 길도 한 걸음부터 시작한다.

185.

사랑.

내가 변혁을 이야기할 때

그것은 단순한 변화를 의미하는 것은 아니다.

변화는 기존의 것에서 기존의 것으로의 움직임이다.

죄인은 성인(聖人)이 될 수 있다.

그것은 변화이지 변혁은 아니다.

그대는 변화를 연습할 수 있다.

그러나 그대는 변혁을 연습할 수는 없다.

왜냐하면 알려진 것만이 연습할 수 있기 때문이다.

이 경우 어떤 변화라도 그것은 단순히 변형된 과거에 지나지 않는다.

왜냐하면 과거는 그 안에서 연속적이기 때문이다.

과거는 또한 자신의 마스터이기 때문이다.

왜냐하면 그것은 과거로 인해 꾸며지기 때문이다.

다른 말로 하면 변화는 이것에서 저것으로의 움직임이다.

그것은 기존의 것 안에서의 움직임이다.

그러나 변혁은 폭발이다.

이것에서 아무 것도 아님으로의 움직임이다.

여기에서 장소 없는 곳으로의 이동이다.

그대는 그것을 연습할 수 없다.

반대로 그대는 단지 방해가 될 뿐이다.

그러면 무엇을 해야 하는가?

진실로 아무 것도 행해질 수 없다.

이 어찌할 수 없음을 의식하라.

그리고 이 어찌할 수 없음 속에 남아라.

어떤 것도 하지 마라.

왜냐하면 어떤 것을 하는 것은 이 '어찌할 수 없다'라는 사실로부터
도망치려는 것이기 때문이다.

움직이지 마라.

그러면 폭발이 일어날 것이다.

그러면 거기에 변혁이 있을 것이다.

186.

사랑.

종교는 미래에 대한 약속이 아니다.

그것은 지금 여기의 경험이다.

그러나 성직(聖職)을 통하여

그것은 반복되는 약속이 된다.

응급처치 시험에서 성직자였던 한 구성원이 질문을 받았다.
"만일 당신이 기절한 사람을 발견한다면 무엇을 하시겠습니까?"
"나는 그에게 약간의 술을 주겠습니다."라고 성직자가 대답하였다.
"만일 술이 없다면?"이라고 질문을 받자
성직자는 "그렇다면 약속을 주겠습니다."라고 대답하였다.

187.

사랑.
말(言)이 있는 곳은 어느 곳이나 진정한 의미가 없다.

그러나 여기 또한 말이 있다.
그러면 무엇을 해야 하는가?
말 사이를 읽어라.
아니면 쓰이진 않았으나 말하여진 것을 읽어라.
아니면 말하여지지는 않았으나 보여진 것을 읽어라.
아니면 보이지는 않았으나 의미된 것을 읽어라.
그것을 들여다보아라.
왜냐하면 말은 밖에 있는 것이고
의미는 안에 있는 것이기 때문이다.

188.

사랑.
이성(理性)은 충분하지 않다.
필요하기는 하나 충분하지는 않다.
저 너머의 것은 항상 기억해야 한다.
왜냐하면 이성 그 자체는 파괴적이기 때문이다.
이성 혼자서는 아무 것도 아니나 분석할 수 있는 힘을 가지고 있다.
그것은 인간을 모든 것을 반대하고 아무 것도 아니게 만든다.
그것은 절대적으로 부정적인 마음을 만든다.
그 마음은 비난하기만 하고 만들어내지는 못한다.
왜냐하면 이성은 그 자체에 치유할 수 있는 힘을 가지고 있지 않다.
그것은 단지 조그만 부분이며 삶의 전체가 아니다.
치유할 수 있는 힘은 항상 전체와 함께 한다.

189.

사랑.
생각과 함께 마음은 한계를 가지고 있다.
그러나 생각이 없으면 마음은 무한한 공간이다.

그것이 왜 생각이 사라진 깨달음 안에서
사람은 물 한 방울로 존재하는 것을 멈추고 바다가 되는 이유이다.

그것은 거대한 에너지가 된다.
이 에너지는 죽은 모든 것을 쓸고 간다.
그것은 어떤 노력도 하지 않고
과거의 업 모두를 쓸고 간다.
더 큰 것이 더 작은 것을 흡수한다.
접촉되지 않고 남아 있다.

190.

사랑.
전체가 되고 싶은 의지는 모든 것에 내재해 있다.
그러나 인간 안에 있는 것만이 의식이 되었다.
그러므로 인간은 긴장 속에 산다.
이 갈망이 충족되었을 때만이
그의 긴장의 부정적 상태가 사라진다.
긴장은 무한 잠재성의, 무한한 가능성의 상징이다.

인간은 그가 될 수 있는 것이 아니다.
만일 그가 될 수 있는 그것이 아니라면
그는 쉽게 될 수 없다.
이 병이 인간이다.
건강은 전체 안에 있다.

전체(whole), 신성(holy), 치유(heal)란 단어가
한 어원에서 나왔다는 사실은 깊은 진리를 보여준다.
전체인 사람은 또한 치유 받는다는 것이다.
치유 받는 다는 것은
전체적인 것이라는 것이다.
이 전체성은
스스로에 대해 완전히 의식적이 되고 나서야 성취될 수 있다.
무의식의 어둠은 침투되어 빛으로 변형되어야 한다.

명상은 방법이다.

191.

사랑.
명상 속에서 드러난 세상은 밖에서 들어 온 어떤 것이 아니다.
그것은 항상 거기 안에 있었다.
그것은 존재 안에 있다.
그것은 존재 그 자체이다.

그대가 그것을 알던지 모르던지
그것은 거기에 있다.
물론 씨앗으로, 잠재태로 말이다.
사람을 그것을 활성화시켜야 한다.

그게 전부이다.

이것이 그것이 드러났을 때,

그것이 꽃이 되어 쏟아져 내릴 때,

사람이 크게 웃는 이유이다.

왜냐하면 그것은 항상 거기 있어 왔으나

사람은 그것을 결코 알지 못한다.

명상으로 나아간다는 것은 조각하는 것과 비슷하다.

왜냐하면 조각가는 끌을 가지고 거대한 물체 안에 깊이 묻혀 있는

인물을 조각해 낸다.

마찬가지로 명상가는 자신이라는 거대한 잠재태를

살아있고 역동성 있는

의식적 창조로 변형시켜야 한다.

물론 여기서 창조자와 창조와 창조 수단은 다른 것이 아니라 동일한 것이다.

왜냐하면 명상가 그 자신이 전부이기 때문이다.

그리고 그것이 내가 명상을 가장 커다란 예술이라 부르는 이유이다.

192.

사랑.

다른 것을 생각하지 마라. 그대의 시간을 낭비하지 마라.

진실로 마음은 미묘하고 교묘한 방법으로 그것으로부터 도망치고 있다.

한 번은 어떤 스님이 움몬(Ummon)에게 물었다.

"그대는 불교가 모든 방법으로 우리를 돕고 있다고 항상 말한다.

그러나 어떻게 그것이

눈이 먼 사람, 귀가 먼 사람, 말을 못하는 사람을 도울 수 있는가?

눈이 먼 사람은 자신들 앞에서 선생님이 집어 든 회초리도 볼 수 없다.

귀가 먼 사람은 아무리 좋은 말이라 할지라도 선생님의 말씀을 들을 수 없다.

말을 못하는 사람은 질문을 할 수도, 이해한 바를 말할 수도 없다.

그러므로 우리는 이러한 사람을 도울 수 없다.

그런데 어떻게 불교가 모든 가능한 방법으로 사람을 돕는다고 말할 수 있는가?

그것의 좋은 점은 무엇인가?"

움몬은 잠시 침묵하였다.

그런 다음 급작스레 자신의 지팡이를 들어 질문한 사람을 찔렀다.

물론 질문한 사람은 놀라 뒤로 물러났다.

"아, 나는 그대가 눈이 멀지 않았다는 것을 보았다."

그런 다음 그는 그에게 앞으로 오라고 말하였다. 그가 그렇게 하였다.

"아, 나는 그대가 귀가 멀지 않았다는 것을 알았다."

그런 다음 그는 그에게 자신의 이런 행위가 무엇을 하려는지 이해했는지 물었다.

질문자가 이해 못했다고 대답하자,

"아, 나는 그대가 벙어리가 아님을 알게 되었다."라고 답하였다.

193.

사랑.

명상은 마음의 어떤 응용이나 사용, 노력도 필요로 하지 않는다.

그것은 잠처럼 노력 없이 그대에게 내려온다.

그대는 자려고 노력할 수 없다.

마찬가지로 명상하기 위해 노력할 수 없다.

반대로

모든 노력은 그것의 부드럽고 조용한 방문을 방해할 뿐이다.

인위적 행위나 공격에 있어
그것이 자리할 공간은 없다.
행위는 항상 공격적이다.
명상은 수동적 받아들임이다.

마음은 공격적이다.
명상은 수동적이다.
수동적이 되라.
받아들이고, 열어 놓고, 노출해 놓고
기다려라.
진짜 기적은 기다림을 통해 일어난다.
기다림이 전체가 되는 순간
그게 발생한다.
폭발이 발생한다.

194.

사랑.
생의 문제는 철학적이 아니라 실존적이다.
그대는 그것을 밖에서부터 해결할 수 없다.
그대는 그것의 방관자가 될 수 없다.
그대는 그 안에 있다.
그대가 그것이다.

게다가 철학이란 무엇인가?

최악의 경우 언어적 오해이며

최상의 경우 언어적 분석이다.

최상의 경우에서조차 어느 곳으로도 인도하지 않는다.

왜냐하면 문제가 실존적이기 때문이다.

그것은 언어적 분석이나 문법을 통해 문제를 해결할 수 없다.

어느 어두운 날 밤에 한 수행자가 마른 우물 옆을 지나고 있었다.

그는 아래에서 도움을 요청하는 소리를 들었다.

"무슨 일이 있나요?"라고 그는 아래를 보며 소리쳤다.

"나는 문법학자인데 불행하게도 떨어졌다.

내가 길을 잘 몰라서 이 깊은 우물로 떨어졌다.

그래서 나는 지금 있는 우물 안에서 움직일 수 없다."라고 밑에서 대답했다.

"잠깐 기다리세요.

가서 사다리하고 밧줄을 가지고 올게요!"라고 수행자가 말을 하였다.

"잠깐만요!"라고 문법학자가 말했다.

"그대 문법과 말투가 틀렸다.

그러니 올바르게 고쳐야 한다."라고 그가 말했다.

"만일 그대의 말이 사다리와 밧줄보다 더 중요하다면,

당신은 내가 언어를 정확히 구사하는 것을 배울 때까지

거기 있는 것이 최상인 것 같다."라고 수행자는 말하며 자신의 길을 갔다.

195.

사랑.

자신을 내려놓음을 생각하지 마라.

왜냐하면 그것에 대해 생각하는 것이 유일한 장벽이기 때문이다.

그러므로 아무도 자신을 내려놓을 수 없다.

그것은 인위적 행위가 아니라 저절로 발생하는 것이다.

그대는 그것으로 갈 수 없다.

그것이 그대에게 온다.

그대 쪽에서 하는 모든 행위는

그것이 그대를 향해 오는 것을 방해할 것이다.

마음을 열고 노력하지 말고,

휴식을 취하고 수동적이 되라.

그러면 그것이 올 것이다. 항상 온다.

나는 그것의 목격자이다.

196.

사랑.

물라 나스루딘이 땅에서 무엇인가를 찾고 있었다.

"무엇을 잃어 버렸는가? 물라여"라고 어떤 사람이 그를 보고 물었다.

"열쇠를 찾고 있소이다."라고 물라가 말하였다.

그리고 나서 그 둘은 무릎을 굽히고 그것을 찾기 시작했다.
"어디서 그것을 잃어 버렸나요?"라고
얼마가 지난 후 다른 사람이 물었다.
집에서 잃어 버렸다고 하자,
다른 사람이 그럼 왜 여기서 그것을 찾느냐 라고 다시 물었다.
"집보다 여기가 환해서 그렇소"라고 물라가 대답했다.

나는 그대에게 어디에서 열쇠를 찾고 있느냐고 묻는다.
집에서?
아니면 빛이 더 많은 밖에서?

197.

사랑.
인간의 자기 기만에는 끝이 없다.
왜냐하면 그가 하려는 것은 무엇이든지
그는 그것을 합리화하기 때문이다.

어느 날 한 사람이 술집에서
자신은 강철 의지를 가졌다고 으스대며
자신의 삶에서 다시는 술을 마시지 않겠다고
지금 그것을 증명해 보이겠다고 하였다.
그러나 그날이 채 가기도 전에

그 날 저녁 그는 술집에 와서 모든 사람에게
다 들릴 정도의 큰 소리로 말하였다.
"나의 의지는 전보다 더 강하다.
나는 온 종일 나의 빌어먹을 의지와 싸웠고,
마침내 그것을 이겨냈다.
술 한잔 더 주시오!"

198.

사랑.
명상의 길은 자아 위에 있다.
그것의 기본은 자신을 내려놓음이다.
자신을 그대 자신의 무자아에게 양도하라.
그대가 아닌 듯 되어라.
아,
사람은
무자아에게 모든 것을 맡겨 놓을 때 축복이 내린다.

붓다는 이 현상을 아나뜨마(anatma) 혹은 아낫따(anatta)
즉 무아(無我)라 불렀다.

사람은 무자아의 손 안에서 자신을 꼭두각시로 만들어야 한다.
그러면 모든 것이 자연스럽게 동시에 흐르기 시작할 것이다.

그것은 마치 강물이 바다로 흐르는 것처럼,
혹은
구름이 하늘을 날아다니는 것과 같은 것이다.

노자는 이것을 행하지 않고 행함이라 불렀다.

사람은 자기 자신의 마스터가 되는 것을 중지해야 한다.
미지의 것의 도구가 되어야 한다.
비상식적인 것은 자기 자신의 마스터가 된다는 것이다.
왜냐하면 그렇게 되는 사람은 아무도 없기 때문이다.

찾지 마라. 그리고 그것 안에서 계속 믿어야 한다.
찾아라. 그러면 어디서도 찾을 수 없을 것이다.

자아는 단지 무지 안에서만 존재한다.
그것은 무지이다.
앎 속에는 자아가 없다.
왜냐하면 거기에는 앎의 주체가 없기 때문이다.

그러면
앎은 그 자체로 충분하다.

199.

사랑.
마음에는 항상 다툼이 있다.
왜냐하면 마음은 다툼 없이 존재할 수 없기 때문이다.
그것은 다툼을 통해 자신을 강화시킨다.
심지어 다툼에 반대하는 싸움조차도 다툼이다.
마음을 넘어 가고자 하는 다툼도 마음이다.

이것을 깊이 그리고 즉시 순수하게 보아라.
마치 그대가 길을 가다 뱀을 만난 것처럼,
점프하라.
그러면 점프하는 것은 그대가 아니다.
그것은 점프이다.
점프는 어떤 노력이나 어떤 다툼 없이
순간 일어난다.
이것이 일어날 때 거기에 마음은 없다.
마음 없음은 신으로 가는 문이다.

200.

사랑.
명상 안에서 아무 것도 하지 않음을 즐겨라.

완전히 조용한 수동의 상태가 되어라.

그러면 그대는 세상과 조화를 이룰 것이다.

사고나 형식은 저절로 사라질 것이다.

왜냐하면 그 둘은 완전한 수동의 상태와 공존할 수 없다.

그것들은 능동적인, 공격적인 마음의 형식이다.

그것들과 함께 자아는 사라진다.

왜냐하면 그것은 사고와 형식 없이 존재할 수 없기 때문이다.

자아는 사고와 형식을 끊임없이 돌리는 소용돌이의 중심이다.

수동으로 남아라.

그것은 절대적인 아무 것도 하지 않음의 상태이다.

명상하는 사람이 없는 곳에서

명상은 깊이를 더한다.

명상하는 사람이 없을 때

명상은 진실로 존재가 된다는 것을 기억하라.

만일 그대라면 거기에 명상이 없다.

명상이 있을 때 그대는 없다.

201.

사랑.

'매우 소수의 사람이 자신들의 영혼을 소유한다.'라는 사실은 비극
이다.

그들은 그들 자신 외에 모든 것을 소유하고 있다.

자연히 그들은 그들의 다른 것들 가운데 물건이 되었다.

소유자는 소유되었다.

에머슨(Emerson)은

"자신의 행위보다 더 드문 것은 없다."라고 말한다.

그러나 이것은 기대할 수 있는 것이다.

왜냐하면 아무도 그 자신이 아니고

아무도 그들 자신이 아니기 때문이다.

대부분의 사람들은 다른 사람들이다.

그들은 살고 있지 않다.

그러나 행위는 타인들이 그들에게 부여한 역할이다.

그들의 사고는 타인들의 견해이다.

그들의 얼굴은 단지 가면이다.

그들은 얼굴을 가지고 있지 않다.

그들은 전혀 권위적이지 않다.

그들의 삶, 모방, 그들의 열정, 인용 등이 그러하다.

이런 악순환을 끊어라.

그렇지 않으면 그대는 결코 온전한 그대가 될 수 없을 것이다.

명상을 통해 이것을 부수어라.

그러나 이것은 다른 것으로 부술 수 없다.

왜냐하면 마음을 통하여 그것을 부술 수 없다.

명상을 제외한 모든 것은 마음이다.

마음은 감옥이다.

명상은 문이다, 그것도 유일한 문이다.

202.

사랑.

오직 신만이 존재한다.

이것이 그를 찾기가 그렇게 어려운 이유이다.

신은 도처에 있다.

이것이 신이 아무데도 없는 것처럼 보이는 이유이다.

구하는 사람은 구해지는 자가 될 것이다.

이것이 모든 구함이 헛된 이유이다.

멈추고 보라.

그러나 마음은 지속적으로 움직이고 있다.

정착하려 하지 말고 보라.

그러나 마음은 끊임없이 정착하려 노력하고 있다.

오든(Auden)은 말하였다.

정원은 그것을 볼 수 있는 유일한 장소이다.

그러나 그대는 그것을 모든 곳에서 볼 수 있을 때까지

그것을 찾을 수 없을 것이다.

그대가 사막에서조차 찾을 수 있을 것이다.

기적은 일어나는 유일한 것이다.

그러나 모든 사건이 연구될 때까지 그대에게는 일어나지 않을 것이다.

당신이 설명할 수 없는 어떤 것도 발생하지 않는다.

삶은

그대가 죽음에 동의할 때까지 거절하고자 하는 운명을 갖고 태어났다.

멈추고 보라.

정착하려 하지 말고 보라.

203.

사랑.

친밀하고 깊게 육체와 함께 살아라.

육체를 더 많이 느끼고 육체가 더 많이 느끼게 하여라.

아주 많은 사람들이

육체적으로 그들 자신에 대해 완전히 의식하지 못한다는 것은 놀라운 일이다.

육체는 너무 억압되었고 삶을 너무 부정하였다.

그것이 육체라는 것이 살아 있는 즐거움이 아니라

죽은 덩어리에 지나지 않은 이유이다.

그래서

내가 육체로 돌아 가 그것의 움직임 속에서 아름다운 즐거움을 다시 얻으라고 주장하는 이유이다.

그 움직임을 명상으로 만들어라.

그러면 그대는 이해를 넘어 풍부하게 될 것이다.

204.

사랑.

존 버로우(John Burroughs)는 다음과 같이 기억한다.

어느 날 나이 든 사냥꾼이 내 아들에게 이야기한 것을

내 아들이 죽인 것을 보니 오리인 줄 알았는데 모형(mock)이었다.

그것은 오리처럼 보였고 행동했다.

그러나 식탁 위에 그것이 놓였을 때

그것은

우리를 조롱하였다(mocked).

그대 자신과 그대 외면의 가면이 주는

명쾌한 차이를 기억하라.

그렇지 않으면 결국 그들은 그대를 조롱할 것이다.

205.

사랑.

인간은 이상하다, 매우 이상하다.

왜냐하면 그는 타인을 속임으로써 시작하고 자신을 속임으로써 끝 낸다.

한 수행자가 생각에 몰두한 채 시골 길을 걷고 있을 때

개구쟁이 소년들이 그에게 돌을 던지기 시작했다.

그는 놀랬다.

자신은 대단한 사람이 아니었다.

"그러지 말거라.

내가 너희들에게 재미난 이야기를 들려주마"라고

그는 아이들에게 이야기하였다.

"좋아요. 그게 뭐죠? 대신 철학은 안돼요!"라고 꼬마들이 답하였다.

"왕이 백성들에게 무료 연회를 베풀고 있단다."

그는 간단히 그들에게 거짓말을 하였다.

아이들은 성을 향해 뛰어갔다.

그는 자신의 거짓말에 대한 애들의 반응을 보고 흐뭇했다.

그는 고개를 들어 멀리 사라지는 그들을 바라보았다.

그런 다음 그는 갑자기 자신의 소매를 걷어붙이고

그들을 쫓아 뛰어가기 시작했다.

"내가 직접 가서 봐야겠다."라고 그는 자기 암시를 하였다.
왜냐하면 그가 맞을 수도 있다고 생각했기 때문이다.

206.

사랑.
종교적이 된다는 것은 항상 '예'라고 답하는 것이다.
모든 것에 '예'라고 답하는 것이다.
삶에도 죽음에도 '예'라고 답하는 것이다.
빛이나 어둠에서 '예'라고 답하는 것이다.
'완전한 예'가 종교이다.

니꼴라스 데 꾸사(Nicolas De Cusa)가 말했다.
"예스, 신이시여.
예스, 신이시여.
예스, 신이시여.
예스, 예스 그리고 항상 예스."

'예'라고 말하고 그것을 느껴라.
그대는 신성으로 가는 사원으로 들어가는 것이다.
'아니다'라고 말하는 것은
그 문을 닫는 것이다.
신성으로 가는 그대 자신을 가두는 것이다.

'아니요'는 자살이고, '아니요'는 독이다.

이것을 알고 '예'라고 말하는 사람이 되어라.

그대의 가슴이 뛸 때마다 '예'라고 하게 내버려 두라.

'예'로 숨을 쉬어라.

그러면 그대는 그대를 둘러싼 안과 밖

모든 것이 신성함을 느낄 수 있을 것이다.

그는 항상 현존한다.

그러나 그대는 '아니요'를 통해서 들어갈 수 없다.

그는 그대 안으로 들어 올 수 없다.

207.

사랑.
긍정적 감정을 가지고 긍정적으로 삶을 시작해라.
부정적이 된다는 것은 자기 파괴적이 된다는 것이고
궁극적으로 자살에 이르게 된다.

그러나 보통 마음은 그러한 식으로 작동한다.
왜냐하면 안전과 보안을 위한 수단이기 때문이다.
그것은 단지 삶이 아니라 죽음만을 탐지한다.
그러므로 완전히 긍정적이 된다는 것은 마음을 초월하는 것이다.

어떤 수행자가 대중에게
마음의 부정적인 성격에 대해 설법하도록 요청 받았다.
그는 완전히 하얀 커다란 종이를 벽에 걸었다.
그는 연필로 종이 위에 검은 점을 그려
사람들에게 자신들이 보고 있는 것이 무엇인지를 물었다.
사람들이 검은 점이 보인다고 말했다.
그러자 수행자가 "맞다, 작은 검은 점이 있다.
그러나 그대들 중
아무도 검은 점을 제외한 커다란 하얀 종이에 대해서는 이야기 하
지 않았다.
그것이 내 설법의 요체이다."

208.

사랑.
존재의 형태는 유한하다. 모든 형태가 그러하다.
실제, 형태를 갖는다는 것은 유한하다는 것을 의미한다.

그러나 존재는 무한하다.
왜냐하면 오직 형태 없는 것만이 무한할 수 있기 때문이다.
존재는 형태가 없다.
그것이 모든 형태를 취할 수 있는 이유이기도 하다.

그러나 어떤 식으로든 형태를 취한다는 것은
죽음을 안으로 들인다는 것이다.
왜냐하면 형태는 사형이기 때문이다.
반면 존재 그 자체는 영원한 삶이다.

형태를 동일시하지 마라.
이 동일시는 죽음에 대한 두려움을 낳는다.
실제로 모든 두려움을 낳는다.
형태 없음을 기억하라.
그러면 그대는 불멸을 알게 될 것이다.
왜냐하면 그대가
그 때 그것일 것이기 때문이다.

209.

사랑.
사람의 태도는 모든 것이다.

부정적인 태도는 삶을 부정한다.
그것들은 죽음에 대해서는 좋으나 삶에 대해서는 좋지 않다.
삶은 긍정적인 태도를 필요로 한다.
삶은 그것들을 먹여 살린다.
왜냐하면 그것들이
그대를 행복하게 그리고 창조적으로 만들기 때문이다.

나이 든 여인이 살았다.
그러나 나이가 들수록 그녀는 더 젊어진다고 느꼈다.
왜냐하면 젊음은 나이와 아무 상관이 없기 때문이다.
그것은 태도이다.
나이와 부와 함께
사람은 진실로 젊은이들보다 더 젊어질 수 있다.
나이 든 여인은 너무 즐거워하고 창조적이어서
사람들이 그녀를 의아해 했다.
한 방문객이 그녀를 방문해 다음과 같이 물었다.
"그러나 그대는 그대 삶에 구름을 가지고 있음에 틀림이 없다."
"구름이라고? 왜 아니겠냐. 물론이다.
만일 거기에 구름이 없다면

이 축복받은 꽃비는 어디에서 쏟아지는 것인가?"라고
노파가 말했다.

고난은 있다.
삶에 고난은 있다.
긍정적인 마음은 거기에 날개를 단다.
그러나 다른 마음은 목발을 구입한다.

날개를 키워라. 목발을 구입하지 마라.

210.

사랑.
삶에 안전한 것은 없다.
왜냐하면 불안 없이 삶은 존재할 수 없기 때문이다.
그것이 삶이 더 안전할수록 생기가 덜한 이유이다.
죽음은 완전한 안전이다.
그러므로 안전을 결코 추구하지 마라.
왜냐하면 그대는 죽음을 추구하는 것이기 때문이다.

완전히 산다는 것,
엑스타시에 있다는 것은 결코 안전을 요구하지 않는다.
불안을 축복으로 여겨라.

그대가 그것을 받아들일 때
그대는 그것이 지닌 아름다움을 알 수 있을 것이다.

물라 나스루딘의 무덤은 거대한 나무로 만든 문 앞에 있었다.
그 문은 방해물이었고 자물쇠가 채워져 있었다.
아무도 그 안에 들어 갈 수 없었다.
물라는 마지막 농담으로 자신의 무덤 둘레에 담을 쌓지 말라고 말
하였다.
물라가 자신의 무덤에 한 일을
세상 모든 사람들은 자신의 삶에 무의식적으로 하고 있다.

만일 그대가 그렇게 하기 원한다면 적어도 의식적으로 하라.
왜냐하면 그대가 그것을 의식적으로 할 수 없음을 내가 알기 때문
이다.
그대뿐 만이 아니라 어느 누구도 그것을 할 수 없다.
왜냐하면 어느 누구도 의식적으로 어리석게 될 수 없기 때문이다.

211.

사랑.
우주는 삼라만상에 대해 약간 신경을 쓰고 있으나
기본적으로는 유희를 즐기고 있다.
그러나 자신의 삶 안에서 인간은 무엇인가를 하려 하지 않고 단지

일만 하고 있다.

이것 때문에 모든 것은 뒤죽박죽이 되고 혼란이 인다.

우주의 법은, 도는 놀이(leela)이다.

인간 이성의 법은 일이다.

왜냐하면 이성은 효용성 너머를 생각할 수 없기 때문이다.

그러나 존재는 효용성 너머에 존재한다.

이 간격에 대해 명상하라.

그대의 다리(橋)를 찾을 수 있을 것이다.

다리는 필요하다.

왜냐하면 그대는 일 없이 존재할 수 없기 때문이다.

일만을 위해 존재한다는 것은 참을 수 없고 생기가 없는 것이다.

명상하는 사람은 더 집중해서 즐기기 위해 일한다.

그가 일하고자 하는 이유는 놀이 때문이다.

비명상적인 사람은 더 효율적으로 일하기 위해 논다.

그가 놀고자 하는 이유는 일 때문이다.

212.

사랑.

삶은 의미를 제공받을 수 있을 때 편안함을 필요로 하지 않는다.

목적을 볼 수 있을 때 삶을 쾌락을 필요로 하지 않는다.
온전한 집중력과 함께 자기 생각을 가지고
산다는 것은 의식이란 씨앗이 낳은 열매이기 때문이다.
자아 없는 의식은 목적이다.
중심 없는 의식에 그대는 이미 도달했다.
자아 없는 의식은 열반이다.
그대는 그것을 신이라, 혹은 그대가 좋아하는 무엇이라 칭해도 좋다.

모든 사람이 존재의 이 상태를 추구하는 것을 알아라.
그러나 만일 구하는 자가 잃지 않으면
이러한 존재의 상태는 찾아질 수 없다.
구하는 사람은 삶의 전체적 집중이란 불(火) 안에서
잃을 수 있다.

그러므로 삶을 전체적으로 살아라.
순간 안에서 살아라.
순간에서 순간으로.
왜냐하면 삶을 전체적으로 사는 다른 방법은 없기 때문이다.
중심을, 자기를, 자아를 녹일 수 있는 다른 방법은 없다.

213.

사랑.

명상의 비밀은 배우지 않음의 예술이다.

마음은 배움이다.

명상은 배우지 않음이다.

즉, 끊임없이 그대의 경험으로 죽어라.

그것이 그대를 가두도록 내버려 두지 마라.

경험은 삶 안에서 죽은 덩어리이다.

강물과 같은 의식의 흐름이다.

과거를 짊어지지 않은 순간을 살아라.

마음으로 인해 방해 받지 않는 순간 안에서 흘러라.

그대는 명상 안에 있을 것이다.

이것이 꽉 찬 순수이고 텅빔의 경험임을 잘 알도록 해라.

비록 표면적 외양은 상당히 반대일지라도 말이다.

아는 것은 순수이고,

알지 못하는 것은 경험이다.

비록 순수는 결코 주장하지 않고

경험은 주장하기만 한다.

이것이 내가 순수를 명상이라 이야기 하는 이유이다.

왜냐하면 그것은 미지란 문을 연다.

그러므로 배우지 않는 것을 배워라.

그러므로 어떻게 마음 너머로 가는가를 배워라.

알려진 것에 매달리지 마라.

마스터 키는 그대 손 안에 있다.

그것을 열어라.

비록 상처받기 쉬워도

항상 생기 있고 미지의 것으로 흘러라.

그러면 그대는 명상 안에 있을 것이다.

그대는 명상이 될 것이다.

214.

사랑.

세 사람이 이슬람 성자의 제자가 되고자 그를 찾았다.

그들 중 한 명이 스승의 별난 행동에 화가 나

갑자기 그룹에서 나와 버렸다.

스승의 가르침에 대해 그의 제자가 스승은 사기꾼이라고 말하자

두 번째 사람 역시 물러났다.

세 번째 사람은 말하는 것이 허락되었으나

어떤 가르침도 없을 것이라 전해 들었다.

그래서 그는 인내를 잃고 거기서 나와 버렸다.

그들 모두가 가 버렸을 때

스승은 그의 제자들에게 다음과 같이 가르쳤다.

첫 번째 사람은 원칙의 좋은 사례였다.

봄(見)을 통하여 기본적인 것을 판단하지 마라.

두 번째 사람은 명령의 좋은 사례였다.

들음(聽)을 통하여 깊은 중요성을 가진 것을 판단하지 마라.

세 번째 사람은 격언의 좋은 사례였다.

말이나 말의 부족함으로 판단하지 마라.

많은 사람들이 왜 당신에게서 배우지 못하고 떠나느냐는 질문을 받았을 때

"나는 모든 것을 엄마 무릎 밑에서 다 배운 것처럼 행동하는 사람들을 가르치기 위한 것이 아니라 참된 지식을 주기 위해 여기에 있다." 라고 스승은 답하였다.

215.

사랑.

항상 황금 규칙을 기억하라: 한 번에 한 걸음.

방종한 여인들은 좋은 성품을 지닌 한 여인에게 종종 음식을 구걸하였다.

그녀는 마침내 그것을 거절하기로 마음먹었다.

너무 짐이 되었기 때문이었다.

그러나 그녀가 결심을 한지 얼마 지나지 않아
한 젊은 남자가 멈추어서 그녀에게
실을 빌려 달라고 요구하였다.
그녀는 그의 바지가 심하게 터져 있고
그가 바늘을 가지고 있는 것을 알아차렸다.
그녀는 현재 바지 상태로는 그가 작업을 할 수 없음을 깨닫고 그에
게 실을 주었다.

그 사람은 실을 받아 길가로 나가 나무 아래에 몇 분 동안 앉았다.
그리곤 다시 집으로 왔다.
그는 바지에 덧댈 천이 없어 바지를 수선할 수 없다고 여인에게 말
하였다.
그래서 그녀는 그에게 조그만 천 조각을 주었다.

한 시간 정도 흐른 후
그 남자가 다시 집으로 왔다.
"아주머니, 이 바지는 수선할 수가 없을 정도네요.
남편 분의 오래된 바지를 제게 줄 수 있으면
참 감사하겠습니다."라고 남자는 여인에게 말하였다.
그래서 여인은 남편의 오래된 바지를 남자에게 주며
남자의 영악함에 미소 지었다.

젊은 남자는 헛간 뒤로 가서 그가 받은 바지로 옷을 갈아입었다.
그리고 집으로 다시 와서 여인에게 허리가 너무 크다고 말했다.

그러나 만일 그녀가 자신에게 음식을 조금 준다면
바지가 완벽하게 맞을 것이라고 이야기 하였다.

이즈음 그녀는 박장대소하면서
그에게 훌륭한 저녁을 베풀었다.

이것은 그가 한 번에 하나씩 했기 때문이다.

216.

사랑.
지식은 축적이다.
이것이 왜 지식은 항상 죽어 있는 것인가에 대한 이유이다.
반면 배움은 항상 순간에서 순간이다.
왜냐하면 배움은 축적이 아니라 움직임이기 때문이다.

그러므로 지식과 함께 죽지 마라.
배움과 함께 움직여라.
그래야 그대는 살아남을 수 있을 것이다.
경험에 매달리지 마라.
경험은 노예제이다.
항상 그래 왔던 것들을 초월하라.
그래야 그대는 새로운 것을 받을 준비가 된다.

엑스타시는

항상 새로운 것과 신선한 것과 풋풋한 것과 불연속인 것과 함께 한다.

불연속과 항상 함께 한다는 것은 신성(神性) 속에 있다는 뜻이다.

217.

사랑.

만일 사람이 현재 순간에 대해 의식한다면

그는 안에 내가 없다는 사실을 의식할 수 있게 된다.

그 나란 나의 과거이다.

그 나란 죽은 과거이다.

그 나란 나의 삶이 아니다.

왜냐하면 그것은 살아 있지 않기 때문이다.

자아는 과거 혹은 미래에만 존재한다.

미래란 과거의 투영이다.

그것은

왜 의식이란 것이 순간에서 순간에 대한 의식을 무아로 이끄는 이유이다.

왜냐하면 자아는 현재에 존재할 수 없다.

왜냐하면 의식은 현재 외에 존재할 수 없다.

그러므로 그 둘은 동시에 존재할 수 없다.

자아는 의식하지 못함이다.

의식은 무아이다.

218.

사랑.

나는 계획하지 않고 산다.

나는 이것이 삶을 생기 있게 사는 유일한 길이라고 느낀다.

실제 나는 미래에 대해서는 아무 것도 알지 못하는

바로 다음 순간조차도

완전히 무계획인

야생의 삶을 산다.

오늘은 나에게 충분하다.

진실로 충분함 그 이상이다.

현재라는 순간이 오직 살아 있는 순간이다.

과거는 더 이상 존재하는 않는 감각 안에서 죽어 있다.

미래는 아직 태어나지 않은 감각 안에서 또한 죽어 있다.

그러므로 과거와 연관된다는 것은 죽는다는 것이다.

미래와 연관된다는 것 또한 죽는다는 것이다.

살아남는 유일한 길은 지금 여기에 이 순간에, 그 안에 완전히 존재

하는 것이다.

순간에서 순간을 살아라.

나는 이 세상의 것이 전혀 아닌 엑스타시와 축복을 찾았다.

전체적으로 산 한 순간은 시간 그 자체를 초월한다.

그것은 두 순간이란 시간 사이에 간격을 만든다.

만일 사람이 이 간격 사이에 있을 수 있다면

그는 죽음 너머에 있는 것이다.

왜냐하면 시간은 죽음이기 때문이다.

시간 없음은 삶이다.

삶은 어떤 고정된, 끝난 것이 아니다.

삶은 살아 있는, 미지의 것으로,

기존의 세상에서 미지의 세상으로

항상 흐르는

강물처럼 과정의 그 무엇이다.

219.

사랑.

분노, 폭력, 탐욕이나 부러움은 반대되는 개념으로 극복될 수 없다.

왜냐하면 분노 그 자체는 그 반대를 양성할 것이다.

폭력은 양성된 비폭력 안에 존재할 것이다.

그러므로 반대라고 하는 최면의 철자에 주의하라.

그것은 어떤 문제도 해결하지 않는다.

왜냐하면 그것은 둘레만을 어슬렁거릴 뿐이기 때문이다.

반대란 덫에 빠지지 마라.

그러나 분노, 폭력이나 탐욕 혹은 다른 어떤 것을
직접 이해하라.
반대를 추구하는 것은 탈출의 길이다.
반대를 추구하는 것은 비겁한 것이다.

있는 그대로 그대의 마음과 살아라.
그것을 변화시키려 하지 마라.
용감해 지고, 그것에 맞서고 그것을 이해하라.

의식의 빛이 분노나 탐욕이나 부러움을 비쳐 줄 때
변화가 생긴다.
의식은 촉매제로 작동한다.
따라서 분노는 반대의 감정으로 움직이지 않는다.
폭력이 비폭력으로 되는 것은 아니다.
거기에는 분노가 없다.
거기에는 폭력이 없다.
폭력이 없을 때 마음도 없다.
함께 다른 차원이 문을 연다.
그것은 즉석의 차원이며 신성의 차원이다.

220.

사랑.

순간에서 순간으로의 삶은 죽음으로 빠지는 것이다.

왜냐하면 그것은 죽음이기 때문이다.

덮여 있으면 그것은 삶으로 나타난다.

드러나 있으면 그것은 죽음으로 나타난다.

항상 이것을 기억하라.

이것은 소리 없는 명상이다.

이 기억이 그대의 꿈속으로 들어갈 때

그대는 그대에게로 가는 열려 있는 새로운 문을 가지게 될 것이다.

실제 그것을 통해

그대는 새롭게 완전히 다시 태어나게 될 것이다.

죽음을 기억하는 것은 의식에 새로운 차원을 주는 것이다.

왜냐하면 죽음을 기억하는 것은 자연스럽지 않기 때문이다.

반대로 사람은 그것을 의식해서는 안 되게끔 태어났다.

왜냐하면 사람이 죽음을 초월하는 순간

그는 자연 또한 초월한다.

만일 사람이 완전히 그 사실을 의식하지 못한다면

그는 죽음을 초월할 수 없다.

그러므로 죽음을 완전히 의식하라.

그것은 매 순간 안과 밖에서 일어난다.

그것은 도처에 존재한다.

왜냐하면 사람은 그것을 의식하지 못하게 된다는 것은 너무 명백하다.

의식을 깊이 하는 것을 기억하라.

왜냐하면 죽음에 대한 의식이 깊어질수록
사람은 죽음 없는 감정을 느낄 수 있게 된다.

진실로 죽음은 죽음 없음을 여는 문이다.
그러나 그것에 대해 의식하라.
의식하고 초월하라.
의식하고 탄생 전에, 죽음 후에 것을 알아라.
그것이 그대이다.

221.

사랑.
그대 자신에게 타인이 되어라.
시간을 통해 흐르는 강물처럼 삶을 보아라.
강둑에 선 채 궁금해 하지도 관심도 두지 마라.
그대 기억에 표류하는
그대 과거의 찌꺼기들을 힐끗 바라보거나 응시하라.
사건처럼 그대는 신문에서 그것을 읽을 것이다.
초연하든지 무관심하든지
아무 것도 아님을 기억하라.
단지 존재한다. 그리고 폭발.

222.

사랑.
매 순간 그리고 모든 순간 항상 긍정적이어라.
그것은 명상적 의식함을 아주 많이 도와줄 것이다.
부정적 태도는 온 노력을 부정한다.

디오게네스(Diogenes)는 뉴델리에서 정직한 사람을 찾고 있었다.
"뭐, 행운이라도?"라고 방랑자가 그에게 물었다.
"아, 꽤 있었죠."라고 디오게네스가 대답했다.
"나는 여전히 내 등(燈)을 갖고 있다."

223.

사랑.
철학은 그대를 문제로부터 구원해 주지 않는다.
반대로 그것은 더 큰 문제를 그대에게 안겨준다.
나는 약방에서 이처럼 들었다.

그대가 구입한 특효약이 그대의 이모를 치유했는가?

좋은 천국이란 없다.
병 겉면에 적힌 복용법을 읽으면서

그녀는 두 개의 병(病)을 더 얻었다.

224.

사랑.
물라 나스루딘이 그가 방금 구입한 간(肝)을 집에 가져가고 있었다.
다른 한 손에는 친구가 그에게 준 간으로 만든 파이 요리법을 들고
있었다.
갑자기 대머리수리가 급강하해서 간 꾸러미를 낚아채 날아갔다.
"이 어리석은 놈아!
그래 그것 가져가는 것은 아주 좋다.
그런데 요리법도 없이 어쩔 것이냐?"

225.

사랑.
인간은 신이 아닌 것만을 안다.
신이 무엇인지를 안다는 것은 불가능하다.
왜냐하면 그것이 존재의 영역이 시작되는 곳이기 때문이다.
그대는 신을 알 수 없다 그러나 그대는 될 수 있다.
그 차원 안에서는 오직 앎만이 존재한다.
그러나 그 앎은 모든 우리의 다른 앎과 전적으로 다르다.

왜냐하면 그 앎 속에서는 아는 사람도 알려진 사람도 없다.
오직 앎만이 존재한다.

그것이 그 차원에서는 앎과 존재가 동일한 것이라고 하는 이유이
다.

지식조차도 없다.
왜냐하면 지식은 죽은 것이기 때문이다.
그러므로 사물이다.
게다가 지식은 항상 과거의 것이다.
신은 결코 과거 혹은 미래의 것이 아니다.
신은 지금, 항상 지금 그리고 여기 항상 여기의 것이다.

그대의 눈을 감고 보아라.
그런 다음 그대의 눈을 뜨고 보아라.

그런 다음 그대의 눈을 감지고 뜨지도 않고 보아라.

226.

사랑.
성공을 이룬 사람들에게는
비밀을 전수해 주는 사람이 있을 것이라는 생각에 사로잡힌 한 남자가 있었다.

이 비밀을 찾기 위해
그는 여러 해 동안
고대 건축, 철학, 점성술, 심리학, 상술(商術), 종교적 믿음
그리고 부침을 거듭한 다양한 신앙 등에 대해 연구에 연구를 거듭했다.
이 모든 것들을 오랫동안 아주 부지런히 연구하였으나
그는 어떠한 결론에 도달할 수 없었다.
그는 치열하게 연구하였으나
어떤 결론도 찾을 수 없었다.
성공 대신에 성공의 비밀에 대한 그의 탐구 동안
죽음이 그를 엄습했다.
죽음이 다가오자
그는 그의 온 인생의 노력의 목표를 깨달았다.
마침내 그는 그 곁에 있는 사람들에게 자신의 결론을 주었다.

그것은 짧은 두 단어였다.

"나는 ~ 것이다(I will)."

227.

사랑.

사고(思考)를 믿지 마라.

왜냐하면 그것은 모든 미신 중에서 가장 커다란 것이기 때문이다.

교묘히 숨어 마치 반미신(反迷信)인 척 한다.

사고는 맹목적인 마음에 낀 먼지이다.

왜냐하면 그대는 알려지지 않은 것을 생각할 수 없기 때문이다.

그리고 그대는 이미 알려진 것을 생각할 필요가 없다.

만남은 항상 모르는 것과 함께 이루어진다.

모르는 것은 안이든 밖이든 도처에 있다.

사고는 항상 알려진 것 안에, 알려진 것으로 이루어진다.

그대는 알려진 것을 통하여 결코 알려지지 않은 것과 접촉할 수 없다.

나는 이것을 명상이라 부른다.

228.

사랑.

인간은 꿈을 꾸고 바란다.

그러나 기본적으로 그가 있는 곳에 머무른다.

결국 그의 꿈과 바람의 재가 그의 손안에 있게 된다.

물론 그의 눈에는 눈물이 있다.

빤짜딴뜨라(Panchatantra)에 아름다운 이야기가 있다.

어떤 마을에 음식을 구걸하는 시디(Seedy)라는 이름의 브라만이 살고 있었다.

그는 음식 중 일부를 먹고 나머지는 항아리에 담아 두었다.

어느 날 밤 말뚝 위에 그것을 걸어 놓고 침대 옆에 그것을 걸어 놓았다.

항아리에 시선을 고정시키고 자기 최면에 빠졌다.

그는 "여기에 음식 항아리가 있다.

지금 기근이 온다면 나는 그것을 팔아 많은 돈을 벌 수 있을 것이다.

그것으로 나는 염소 두 마리를 살 수 있을 것이다.

매 6개월마다 염소 두 마리는 두 마리의 암컷 염소를 낳을 것이다.

염소 다음에는 소를 구입해야겠다.

소가 새끼를 낳으면 그것을 팔 것이다.

그것을 팔아 물소를 구입할 것이다.

물소 다음에는 암 노새를,

그 다음에는 말 수십 마리를.

이러한 판매를 통해 많은 금을 구입할 수 있을 것이다.

그 금으로 안뜰이 있는 커다란 집을 구입할 수 있을 것이다.

누군가가 나의 집을 방문할 것이고

그의 딸을 결혼지참금(dowry)과 함께 내게 줄 것이다.

그녀는 아들을 임신할 것이고

나는 그에게 문로드(Moonlord)라는 이름을 지어 줄 것이다.

그가 내 무릎 위로 기어 다닐 수 있을 정도가 되면

나는 책을 가지고 마굿간 지붕에 앉아 생각할 것이다.

그러면 문로드가 나를 보고 엄마의 무릎에서 뛰어 내려

진지함으로 가지고 내 무릎 위로 올 것이다.

그리고 말 가까이 갈 것이다.

그러면 나는 화를 낼 것이고 부인에게 아이를 데려 가라고 이야기
할 것이다.

그러나 그녀 역시 집안일로 바쁠 것이다.

그러면서 내가 한 말에 집중을 하지 않을 것이다.

그러면 나는 일어나 그녀를 쫓아낼 것이다."

이런 자기 최면에 빠진 채

그는 날아올라 항아리를 걸어찼다.

항아리 속 내용물이 그에게 쏟아져 버렸다.

229.

사랑.

포기하라. 이것도 아니고 저것도 아니다.

궁극적으로 포기할 아무 것도 남지 않을 때

폭발이 일어난다.

어떤 것, 어떤 사고에도 매달리지 마라.

가라. 아무 것도 아닌 것이 될 때까지 가라.

작은 소년 토요(Toyo)와 그의 명상에 대해 나는 이와 같이 들었다.

그는 겨우 12살 소년이었다.

그러나 그는 무엇인가에 대해 명상하고 심사숙고할 수 있는 것을
원했다.

그래서 어느 날

그는 선(禪) 스승이었던 모쿠라이(Mokurai)를 찾아갔다.

자신이 왔다는 것을 알리기 위해 그는 종을 쳤다.

그리고 존경스런 침묵으로 그 앞에 앉았다.

마침내 스승이 이야기하였다.

"토요야, 양 손의 소리를 내게 들려다오!"

토요가 손뼉을 마주쳤다.

"잘했구나! 자 이제 한 손의 소리를 들려다오!"라고 스승이 이야기
하였다.

토요가 침묵을 지켰다.

그리고는 스승에게 절을 하고 그 문제에 대해 명상하고자 자리를
떴다.

다음 날 저녁 그는 되돌아 와서 한 손으로 종을 쳤다.

"그것은 옳지 않다."라고 스승이 말했다.

다음 날 저녁 그는 되돌아 와서 한 손으로 게이샤 음악을 연주했다.

"그것은 옳지 않다."라고 스승이 말했다.

반복해서 토요는 나름의 해결책을 가지고 되돌아 왔다.

그러나 스승은 반복해서 "그것은 옳지 않다."라고 말하였다.

여러 날을 거듭해 토요는 새로운 소리를 만들어 냈으나

매번 그 방법은 거절당했다.

질문 그 자체가 부당하다.

따라서 정답이 옳을 수가 없다.

11일째 되던 밤

토요가 무엇인가를 말하기 전에 스승이 먼저 말했다.

"그것은 여전히 옳지 않다!"

그렇게 말을 하고 토요는 스승 찾아뵙기를 그만 두었다.

일 년 동안 그는 모든 가능한 소리를 생각했다.

그리고 그것들을 모두 버렸다.

더 이상 버릴 것이 남지 않았을 때 그는

깨달음을 얻었다.

그가 깨달음을 얻고 스승에게 되돌아 왔다.

종을 치지 않고 그는 앉아 스승에게 인사드렸다.

그는 아무 말도 하지 않았다.

침묵이 흘렀다.

얼마 후 스승이 말하였다.

"이제 너는 소리 없는 소리를 들었다!"

230.

사랑.

사고(思考)는 구분이다.

그것은 끊임없이 나눈다.

그러므로 사고는 결코 전체가, 온전함이 될 수 없다.

전체는 부분이 아니다. 그것들은 마음을 위한 것이 아니다.

만일 마음이 없다면 부분도 없을 것이다.

마음과 함께 마음으로 인해

사람은 다자(多者)가 되고 그렇게 보인다.

마음과 함께 마음을 통해

하나를 생각하는 것은 불가능하다.

물론 그것은 하나에 대해 생각할 수 있다.

그러나 그 하나는 모든 부분을 전체로 하는 것이다.

그 하나는 원래 하나였던 것과는 사뭇 다르다.

마음이 만들었던 하나는 단지 수학적 조작이다.

그것은 살아있는 전체가, 유기체가 아니다.

만일 사람이 유기체로써의 우주를 경험하지 못한다면

그는 어느 것도 알지 못한다.

이것은 사고와 함께 해서는 가능하지 않다.

그러나 무사고와는 가능하다.

231.

사랑.

텅빔은 전부이다.

텅빔을 유지하는 것은 모든 것을 얻고 모든 것이 되는 것이다.

그러나 텅빔을 유지하는 것은 매우 험난한 작업이다.

왜냐하면 그것이 텅빔이기 때문이다.

그것은 많은 것을 희생해야 한다.

비록 그것은 비어 있지만

많은 것을 다치게 만든다.

왜냐하면 그 길을 가기 위해서 자아가 죽어야 한다.

그러나 그대가 죽는 것을 알고 나는 기쁘다.

왜냐하면 그것이 죽음 너머로 가는 유일한 길이기 때문이다.

나는 말한다. 그것이 유일한 길이라고.

이것을 항시 기억하라.

섹교(Sekkyo)가 자신의 제자들에게 이렇게 말한 적이 있다.
"그대들은 텅빔을 유지할 수 있는가?"

어떤 제자가 할 수 있다고 답하였다.
그렇게 이야기하고는
자신의 손을 허공에 내밀어 한 움큼 움켜잡았다.

"그것은 불합리하다."라고 섹교가 말하였다.
"그대는 거기서 아무 것도 잡지 않았다."

"글쎄요, 스승님.
그렇다면 제게 올바른 방법을 알려 주세요"라고 제자가 말하였다.

그러자 섹교는 제자의 코를 움켜쥐고는 힘껏 그것을 비틀었다.

"아얏! 아프잖아요!"라고 제자가 소리 질렀다.

"어쩔 수 없다.
왜냐하면 그것이
내가 텅빔을 잡을 수 있는 유일한 길이기 때문이다."라고
섹교가 대답하였다.

232.

사랑.
인간은 스스로 질문하고 답한다.
이런 식으로는 아무 대답도 할 수 없다.
그러나 인간은 자신을 속일 수 있다.
모든 철학은 이런 기만이다.
인간은 묻는다. "마음이 어디에 있는가?"
그리고는 대답한다. "마음은 물질이 아니다."
다시 묻는다. "물질이란 무엇인가?"
다시 대답한다. "마음이 아니다."
이런 어리석은 질문이 계속 반복된다.

"왜 우리는 여기에 있는가?"라는 질문으로 연설을 항상 시작하는
저명한 철학자에 대해 나는 들은 적이 있다.
그는 정신병원 환자들에게 연설한 기회를 가진 적이 있다.
"신사 숙녀 여러분 그대들은 왜 여기 있나요?"라는 말로 끝을 맺었다.
환자 중 한 명이 소리쳤다.
"우리가 왜 여기 있냐고? 저기 없으니까 그렇다."

233.

사랑.

마음은 항시 자아의 관점에서 생각한다.

그것은 자기 중심적이다.

프랑스 혁명 중에

파리에서 온 어떤 남자가 시골 마을에서 멈추었다.

친구가 무슨 일이냐고 그에게 물었다.

"그들은 수천 명의 목을 자르고 있다."고 그 남자가 이야기하였다.

"얼마나 끔찍한 일인가!

그들은 나의 모자 장사를 망치고 있다!"

그러나 이것이 마음이 작동하는 방법이다.

그리고 이것으로 인해 그것은 결코 조화(調和)와 일치하지 못한다.

그러므로 어떻게 그것이 삶을 알겠는가?

그것은 그것을 알 수 없다.

왜냐하면 그는 그것과 하나가 될 수 없기 때문이다.

마음과 함께 해서는 진실로 앎을 얻을 수 없다.

단지 피상적 만남만이 있을 뿐이다.

진실되고 깊은 앎은 마음이 없는 상태에서 온다.

명상은 마음을 마음 없음의 상태로 녹여 준다.

234.

사랑.

한 스님이 햐쿠조 예카이(Hyakujo Yekai)에게 물었다.
"이 지구상에서 가장 신비한 사건은 무엇이냐?"
햐쿠조가 대답했다.
"그것은 내 스스로가 여기 앉아 있다는 것이다."

235.

사랑.
되어감으로부터의 자유는 존재로부터의 자유를 의미한다.
되어감은 바램이다.
존재는 이미 그 상태이다.
되어감은 미래에 대한 갈망이다.
존재는 현재에 있는 것이다.
되어감은 심리적인 것이고
존재는 실존적인 것이다.
이것이 되어감은
그 스스로를 드러내기 위해 존재가 되는 것을 그쳐야 하는 이유이다.

되어감은 불꽃 둘레에 연기 같은 것이다.
씨앗 둘레의 외피 같은 것이다.
그러므로 연기가 가게 내 버려두라.
왜냐하면 그래야
불꽃이 완전한 영광과 화려함 속에서 폭발할 수 있기 때문이다.

씨앗이 외피 속에서 죽도록 내버려 두라.

그래야

씨앗은 자신이 가장 내부 깊숙한 곳에 가진 본연이 될 수 있기 때문
이다.

236.

사랑.

더 이상의 원칙이 필요하지 않다.

세상은 이미 많은 원칙과 원칙적인 사람들로 힘들어 한다.

한 성직자가 미망인을 위로하는 것을 들은 적이 있다.

그는 그녀의 죽은 남편이 원칙에 충실했던 사람인 것에 대해 동정
을 표했다.

"그 사람이 그렇긴 했죠."라고 미망인이 한숨 쉬며 말했다.

"과거 20년 동안 매주 토요일 밤이면

그 가엾은 이는 집에 와서는 열심히도 내게 월급봉투를 내밀곤 하
였죠.

그는 결코 이 일을 놓친 적이 없답니다.

물론 봉투는 항시 비어 있었답니다.

그러나 기억하세요. 그 사람은 그 원칙에 충실했다는 것을 말이예
요."

237.

사랑.
종교는 다툼 없이 사는 것이다.
말하자면 개념 없이 사는 것이다.
개념과 함께 사는 이들에게는 다툼이 있다.
원래 그러한 것과 그래야 되는 것 사이에 다툼이 있다.
그래서 삶은 불행하게 된다.

이것을 보고 그것을 넘어서라.
사실 이 사실을 바로 보는 것이 너머로 가는 것이다.
"어떡해?"라는 외향적으로 불가피하게 보이는 질문을 하지 마라.
왜냐하면 이것은 어떡해의 문제가 아니기 때문이다.
이것은 그대가 그것을 보든지 혹은 못 보든지의 문제이다.
게다가 어떻게 다시 다툼을 만드는가에 대한 것이다.

238.

사랑.
헌신(獻身, Bhakti)은
자신의 깊은 명상 안에서
본인이 겪어야 하는 충격을 흡수할 시간을 필요로 한다.
기억하라.

필요한 것은 시간이고 다른 것은 필요하지 않다.

충격은 아무 것도 새로운 것이 없다.
무의식의 깊은 층이 만날 때 마다
그것은 일어난다.
어떤 변화 전에 그것은 반드시 필요하다.
신성한 것에 감사하라.
왜냐하면 이것은 좋은 징조이기 때문이다.
헌신은 그것을 매우 필요로 한다.
사람이 그것으로부터 완전히 나올 때 그는 완전히 새로운 사람이
된다.
곧 그는 다시 태어날 것이다.

현재 그는 커다란 영적 위기를 통과하고 있다.
그러므로 그와 함께 하라.
그러나 마치 그대가 아닌 것처럼 하라.
현존하라.
그러나 완전한 부재와 함께 하라.
이것이 그를 도와 줄 수 있는 유일한 길이다.

가능한 많이 그를 홀로 두어라.
반드시 도움이 필요한 경우를 제외하고
그와 이야기하지 마라.
간결해져라.

그러나 마치 그가 이야기하기 원하는 것처럼
그가 원하는 대로 이야기하게 내버려 두어라.
그대는 단지 수동적인 청취자가 되어라.

그가 무엇을 하고 싶든지 그렇지 않든지 단지 내버려 두라.
곧 모든 것이 좋아질 것이다.
걱정하지 마라.
그대 곁에 내가 늘 함께 할 것이다.
만일 그대가 볼 수 있다면
그대는 나를 또한 볼 수 있을 것이다.

물론 헌신을 통해 나의 현존을 느낄 것이다.
요즈음 여러 번 나를 의식하게 될 것이다.
그에게 나의 축복 인사를.

239.

사랑.
어느 날
한 남자가 수피 스승인 바하우딘(Bahaudin)을 찾아갔다.
그는 자신의 문제를 해결해 달라고, 길을 제시해 달라고 요구하였다.
바하우딘은 영적인 연구를 포기하고
즉시 자신의 방을 떠나라고 이야기하였다.

친절한 마음을 가졌던 방문자는

바하우딘의 발언에 화를 내기 시작했다.

"그대는 화를 낼 수 있다."라고 바하우딘이 말했다.

그때 한 마리 새가 방안으로 들어 와 이리저리 움직이기 시작했다.

새는 탈출하기 위해 어디로 가야할지 모르는 것처럼 보였다.

스승은 새가 열려진 창 근처에 자리 잡을 때까지 기다렸다.

그러다 갑자기 손뼉을 쳤다.

이에 놀란 새가 열려진 창을 통해 곧장 방을 빠져 나갔다.

"그에게 모욕조차도 하나의 충격과 같은 어떤 것임에 틀림이 없었
을 것이다.

동의하는가?"라고 바하우딘이 말하였다.

240.

사랑.

푸 타 시(Fu Ta Shih)가 말하였다.

"매일 밤 어떤 사람이 자는 동안 붓다를 안는다.

매일 아침 어떤 사람은 그와 함께 다시 일어난다.

일어나거나 앉거나

둘 다 서로를 관찰하고 따른다.

말하거나 말하지 않거나

그들은 동일한 장소에 있다.

그들은 한 순간이라도 결코 떨어지지 않는다.

그러나 육체와 그것의 그림자 같다.
만일 그대가 그대 자신의 목소리의 소리 안에서
붓다의 행방을 궁금해 한다면
거기 그가 있다."

이것을 이해했는가?
만일 그렇지 못하다면
그대는 언제 이해할 것인가?

처음 이것을 질문한 것이 아니다.
여러 번 여러 삶에 걸쳐서 동일한 질문을 하였다.
그대는 아직 대답을 하지 않았다.

지금, 시간이 충분하지 않은가?

241.

사랑.
마음은 의식을 나눈다.
그것은 우리 육체 어느 부분도 나눌 수 있다.
일반적으로 우리는 머리로 그것을 나눌 수 있다.
그러나 과거 다른 문화와 문명에서 몸의 다른 부분을 나누려 노력
했다.

다른 행성에서는 그들의 마음으로써

그들의 몸의 다른 부분을 작동시키려 했던 존재들이 있다.

그러나 의식의 나눔을 위해 선택된 부분이 그것을 얼리는 것이 무엇이든지

필요하면 언제든지 자유롭게 흐르는 것을 중지할 때 마다

그러한 사물의 그러함 속에서 그것은 더 이상 의식이 아니었다.

명상이란 사물의 그러함 안에 존재하는 의식이다.

그러므로 의식이 그대 몸에 꽉 차게 하라.

의식이 그대 존재의 전체성을 통하여 흐르게 하라.

그대는 국지적 의식으로는 전혀 알거나 느끼지 못했던

살아 있음의 느낌을 가질 수 있을 것이다.

의식의 부분화가 있을 때마다

부분화가 일어났던 곳은 긴장이 일고 병이 들게 된다.

남은 육체 부분은 죽은 덩어리에 지나지 않는다.

그러나 명상적 의식이나 살아 흐르는 의식과 더불어

모든 것은 완전히 변한다.

온 몸은 생기와 감각과 의식과 결과적으로 무게 없음이 된다.

긴장이 존재하거나 축적될 수 있는 중심이 없다.

흐르고, 움직이는 의식은 그것들을 매 순간 씻어 내린다.

온 몸이 살아 있을 때만이

그대는 그대를 둘러 싼 우주적 의식을 느낄 수 있다.

어떻게 냉동된 의식이,

죽음 육체에 둘러싸인 그것이 우주를 느낄 수 있겠는가?

242.

사랑.

지금 인간은 그 전보다 인간에 대해 더 잘 알 수 있다.

그러나 문제는 해결되지 않았다.

우리가 소위 지식이라 부르는 그 자체와 더불어

기본적으로 무엇인가 잘못된 것처럼 보인다.

온 지식은 분석으로부터 나온다.

분석은 의식의 깊은 층에는 침투할 수 없다.

분석적 방법은 물질이나 사물에 대한 문제 해결에는 아무 문제가 없다.

왜냐하면 그것들은 안을 가지고 있지 않기 때문이다.

그러나 의식은 안을 가지고 있다.

의식과 함께 분석적 방법을 사용하는 것은

그것을 사물로 대하는 것이다.

그러나 그것은 사물이 전혀 아니다.

그것은 사물로 만들어질 수가 없다.

그것은 본성은 주관성이다.

그것은 주관성이다.

그러므로 밖에서 접근해서는 안된다.

왜냐하면 그것에 대해 알려진 것은 어떤 것이든지

그것에 대한 것이 아니기 때문이다.
의식은 밖에서 접근해야만 한다.
그 방법은 분석이 아니라 명상이다.

명상은 종합적이다.
그것은 부분과 관련된 것이 아니라 전체와 연관이 있다.
그것은 객관적이지 않고 주관적이다.
그것은 비이성적이 아니라 초이성적인 것이다.
그것은 과학이 아니라 종교적 혹은 신비적이다.

의식에 대한 권위 있는 지식은
명상을 통해서만 나온다.
모든 다른 것은
단지 피상적 지식이고 기본적으로 오류이다.
왜냐하면 그것의 근원 자체가 오류이고 해롭기 때문이다.

243.

사랑.
삶은 꿈이다 그러므로 그것을 즐겨라.
그러나 더 요구하지 마라.
왜냐하면 그렇게 하면
그대는 꿈을 단지 방해할 뿐이다.

방해 받는 밤 이외에 얻는 것이 아무 것도 없을 것이다.

꿈꾸는 마음의 목격자가 되어라.

그러면 거기에 초월이 있을 것이다.

그러면 그대는 꿈과 마음 그 자체를 넘을 것이다.

꿈꾸는 마음 아래에는 깨달음이 있음을 또한 잘 알도록 하여라.

꿈꾸는 마음은 방해 받는 꿈이다.

사람은 우리 모두가 일상적으로 하듯이

더 많은 요구와 더 많은 바람을 통해서

이 아래 있는 깨우침의 꿈꾸는 상태를 얻을 수 있을 것이다.

꿈속에서 물라 나스루딘은 동전을 세고 있는 자신을 보았다.

자신의 손에 9개의 은화가 있었을 때

보이지 않는 기증자가 그들에게 주는 것을 멈추었다.

나스루딘은 외쳤다. "나는 10개의 은화를 가져야 한다!"

그렇게 소리치며 그는 깨어났다.

모든 돈이 사라진 것을 발견하고

그는 눈을 다시 감고 중얼거렸다.

"좋아, 그들에게 다시 돌려주겠다. 그리고 9개를 갖겠다."

꿈꾸는 마음 너머에 또한 참된 깨달음이 있다.

인간이 일상적으로 자는 것과 비교할 때

인간은 꿈꾸는 마음을 관찰함으로써 이 깨달음에 도달할 수 있다.

만일 그것에 도달하지 못한다면

그는 진실로 살아있지 않는 것이다.

244.

사랑.

신성(神性)은 사람이 떠날 수 없는 것이다.

사람이 떠날 수 있는 것은 신성이 아니다.

그러므로 그대가 결코 떠나지 않는 것을 찾아라.

떠날 수 없는 것을 찾아라.

인간 마음의 불합리성과 그것의 노력을 비웃어라.

붓다는 이것 때문에 여전히 웃고 있다.

들어라.

245.

사랑.

왜 인간은 고생하는가?

인간은 그의 갈망으로 인해 고생한다.

소유할 수 없는 것을 소유하고자 하는 갈망,

필연적으로 영원하지 않은 것을 자신과 더불어

영원히 유지하고자 하는 갈망이 그것이다.

이러한 것들 가운데 주요한 것이 자신의 자아이자,

자신의 페르소나(persona)이다.

그러나 모든 이러한 것은 유한하다.

변한다는 사실 그 자체만 제외하고

모든 것은 변한다.

진실로 변하지 않는 것은 아무 것도 없다.

왜냐하면 모든 것은 과정이다.

사람이 모든 것을 소유하고자 노력하자마자

그것은 미끄러져 사라져 버린다.

소유자 그 자신은 끊임없이 미끄러진다.

그런 다음 그는 고생을 한다.

이것을 잘 알도록 하여라.

이것을 깨달으면 거기에 고통이 없을 것이다.

왜냐하면 그대는 근본 원인을 드러냈기 때문이다.

246.

사랑.

자아는 결코 자유롭지 못하다.

왜냐하면 자아 그 자체가 구속이기 때문이다.

이것이 예수가 말한 꿰뚫음의 의미이다.

"누구든지 제 목숨을 구원하고자 하면 잃을 것이요.

누구든지 제 목숨을 잃으면 삶이 풍부해짐을 알 수 있으리라!"

도덕경에서 노자는 말하였다.

"자신을 낮추는 자는 구원 받을 것이고,

자신을 굽히는 자는 곧게 폄을 얻을 것이다.

자신을 비우는 자는 채움을 받을 것이다."

사람은 자아를 자유롭게 만들 수 없다.

차라리 반대로 자아로부터 자유로워져야 한다.

자아는 씨껍질이다.

그것에 매달리지 마라.

우 밍 푸(Wu Ming Fu)가 다음과 같이 노래한다.

"씨앗은 자라나서 씨로써의 자신을 상실해야 한다.

번데기를 거쳐 날개를 달고 변형해야 한다.

죽을 운명의 그대여 왜 껍질에 집착하는가?

그 껍질은 그대인 것처럼 보이나 그렇지 않다."

247.

사랑.
사원으로 가는 문은 넓게 열려 있다.
이러한 기회가 지상에 내려 온 것이 수천 년이 지났다.
영원히 열려 있지 않음을 잘 알아라.
기회는 아주 쉽게 잃어버릴 수 있다.
그대는 여전히 흔들리고 있다.
그녀는 여전히 망설이고 있다.
들어가느냐 마느냐,
죽느냐 사느냐.

도전이 위대하다는 것을 안다.
그러나 나는 그대란 존재가
점프할 준비가 완전히 되어 있다는 것을 또한 안다.
그래서 나는 그대에게 들어오기를 요구하고 있다.

내가 그대를 부른 것은 처음도 그리고 첫 번째 삶도 아니다.
나는 많은 생에 걸쳐 그대를 알고 있다.
곧 그대는 많은 것들을 기억해 낼 것이다.
그러나 점프를 하고 나서이다.

그대가 아니라

그대의 가짜 페르소나만이 저항하고 있다.

그것은 항시 저항하도록 되어있다.

왜냐하면 미지의 것으로 뛰어드는 순간

그것은 자연적으로 죽게끔 되어 있기 때문이다.

그러므로 그대 자신과 그것을 동일시하지 마라.

그것의 목격자가 되어라.

그대는 점프할 수 있을 것이다.

오래된 자아를 죽여야 할 시간이다.

최고의 자아로 다시 태어나라!

248.

사랑.

논리가 전부도 아니고 지속적이지도 않다.

왜냐하면 모든 광기는

합리화와 내부 의식이라고 하는 자신만의 방법을 가지고 있다.

미친 사람이 자신의 집 둘레에

빵 부스러기 던지고 있었다.

"무엇을 하고 있느냐?"라고 어떤 사람이 그에게 물었다.

"코끼리를 쫓아내고 있다."라고 미친 사람이 대답했다.

"이 부근에 코끼리는 없다."라고 어떤 사람은 대답했다.

"맞다. 내 방법이 효과적이다. 그렇지 않느냐?"라고 미친 사람이 선언했다.

249.

사랑.
존재를 있는 그대로 받아들이는 것은 마음에게는 불가능하다.
왜냐하면 마음은 부정으로써 존재하기 때문이다.

그것은 '아니다'로 존재한다.
완전한 '예'와 함께 그것은 죽는다.
그러므로 '아니요'라 말하는 이유를 계속 찾는다.
심지어 거기에 이유가 없어도 말이다.

어느 날 제자와 함께 길을 걷다가
물라 나스루딘은 그의 인생에서 처음으로 아름다운 호수 풍경을 보았다.
"얼마나 아름다운 풍경인가!"라고 그는 외쳤다.
그러나 만일, 만일.....
"만일.... 그 다음에는 무엇이지요?"라고 제자가 물었다.
"만일 사람들이 거기에 물만 넣지 않았다면....."이라고 물라가 답했다.

250.

사랑.
명상은 바다와 같다.
바다는 더러운 강물을 받아들이면서도 순수하게 남아있다.
그대는 그것 앞에서 정화시킬 필요가 없다.
그러나 그대는 그 정화된 것에서 나올 것이다.

명상은 무조건적이다.
정화는 선결조건이 아니라 결과이다.

251.

사랑.
죽은 듯이 존재하라.
그러면 이중성은 그대를 오염시키지 않을 것이다.
그대는 사고가 떠오르지 않은 그런 상태에 도달할 것이다.
본성의 밝음이 완전히 드러날 것이다.
이것이 발생할 때 그대는 더 이상 과거의 그대가 아니다.

이 사라짐은 신성의 현현이다.
그러므로 부탁하건대 사라져라!

252.

사랑.
존재는 존재하기 위해 존재한다.
그것은 삶과 비슷하다.
그것 너머의 의미는 없다.
그러므로
그것에 어떤 의미도 부여하지 마라.
그렇지 않으면 그대는 그것의 의미 없음을 느낄 것이다.
그것은 의미 없음이 아니다. 그것은 그럴 수 없다.
왜냐하면 그 안에 의미가 전혀 없기 때문이다.

의미를 추구하는 것은 저급하고 추한 것이다.
왜냐하면 그것은 인간의 기능 추구의 마음에서 나오기 때문이다.

존재는 삶처럼 단순히 그냥 있는 것이다.
그 안에 목적은 없다.
그것에 끝도 없다.
지금 여기를 느껴라.
그것을 연습하지 마라.
왜냐하면 그것은 기능주의 마음이기 때문이다.
즐겨라.
그러면 그대는 우주의 유희를 알 수 있을 것이다.

그것을 아는 것이 종교적으로 되는 것이다.

253.

사랑.
오래된 관습으로 계속해서 움직이지 마라.
밖으로 나오는 것은 그대 손에 달려 있다.

마음은 과거, 죽은 과거이다.
사람은 어느 곳에선가 그것을 부수고 밖으로 나와야 한다.
마음은 감옥이고 노예이다.
그것으로부터 자유로워져라.
때가 무르익고 있다.

물론 나는 그대가 여전히
그것을 명확하게 의식하지 못하고 있다는 것을 알고 있다.
그러나 그대는 의식하지 못하는 것은 아니다.
용기를 모아 미지의 것으로 뛰어 들어라.
한 발자국으로도 충분하다.
왜냐하면 다음은 자동적으로 뒤따르기 때문이다.

그러나 생각하지, 생각하지, 생각하지 마라.
생각은 그대를 엉뚱한 곳으로 인도하는 것을 약속한다.

그러나 약속은 항상 약속으로 남는다.

왜냐하면 삶이 관계하는 한 사고는 불능이기 때문이다.

그러므로 실존적이 되어라.

주저하지 마라.

그대는 잃을 것이 아무 것도 없다.

왜냐하면 그대는 아무 것도 갖고 있지 않기 때문이다.

이것을 깨닫고 아무 것도 그 누구도 되지 마라.

254.

삶은 움직임, 과정, 흐름이다.

그러나 사고는 고정이다.

그러므로 그것들은 삶에 반하는 것이다.

그것들은 죽은 장애물이다.

그것들과 더불어 있지 마라.

움직여라.

불일치를 두려워하지 마라.

왜냐하면 삶은 삼단논법이 아니기 때문이다.

삶은 이론이 아니라 신비이다.

어떤 사람이 물라 나스루딘에게 "나이가 어떻게 되십니까?"라고 물었다.

"40입니다"라고 그가 답했다.

"당신은 내가 5년 전에 질문했을 때도 40이라 했습니다!"라고 했습니다.

"맞습니다. 나는 항상 불변입니다.

내가 말한 것을 항상 지키고 있습니다!"라고 물라가 답했다.

255.

사랑.

마음은 어딘가에서 중심이 있는, 압축된, 긴장된 의식을 의미한다.

명상은 의식의 부재를 의미한다.

어디에도 없을 때 그것은 도처에 있다.

탈중심이, 탈압축이, 무긴장이 된다.

마음은 본성상 혼돈이다.

명상은 엑스타시이다.

의식을 줄에 묶인 고양이처럼 다루지 마라.

이러한 다룸이 혹은 잘못 다룸이 의식을 만들어 낸다.

의식은 그것 자체로, 궁극적으로는 움직임에 자유롭고 따라서

본성에 맞게 남겨져야 한다.

그것을 나누지 마라.

그것을 부분적으로 만들지 마라.

이것이 원칙 없는 나의 원칙의 핵심이다.

그대 의식의 절대적 흐름을 유지하라.
그러면 그대는 그대를 유지할 수 있을 것이다.
그렇지 못하고 의식만이 존재한다면
처음으로 신으로 가는 문이 그대 앞에 열릴 것이다.

256.

사랑.
그렇다. 인간은 경험으로 배워야 한다.

두 명의 나이 든 주정뱅이가
일주일에 두 번 술 취하러 술집에 가곤 하였다.

이 중 한 명이 수년 후에 죽었다.
그의 옛 친구 하나가 토요일에 찾아 왔다.
그들은 그에게 그의 친구가 죽었다고 이야기하였다.
친구가 마신 위스키가 혈액 안으로 들어 가
그 안에 꽉 차 있었다.
그가 침대로 가기 전 어느 날 밤
그는 촛불을 끄기 위해 후~하고 불었는데
그만 혈액 안에 있던 위스키에 불이 붙어
그는 타 죽었다.
이야기를 들은 다른 사람은 즉시 성경을 요구하면서

그 이후부터

그는 평생 입김으로 촛불을 끄지 않을 것이라는 맹세하였다.

그렇다!

인간은 경험으로 배워야 한다.

257.

사랑.

누군가를 모방하지 마라.

누군가를 따르지 마라.

그렇지 않으면 그대는 단지 가짜 존재가 될 것이다.

그것은 자살보다 더 나쁜 것이다.

그대 자신이 되어라.

그래야 그대는 책임 있는 사람이, 권위 있고, 진실된 사람이 될 수
있다.

그러나 보통 모든 사람은 단지 간접적이고 어디선가 빌려 온 것이
다.

그것이 모든 것을 추하게 만든다.

물라 나스루딘이 이슬람 사원에 가서 앉았다.

그의 셔츠는 다소 위로 올라가 있었다.

그의 뒤에 앉았던 사람이 옷을 모른 체 하면서

밑으로 잡아 내렸다.

나스루딘도 즉시 그 앞에 앉아 있는 사람의 옷을 잡아 내렸다.

"왜 이러세요?"라고 앞에 앉은 사람이 물었다.

"내게 묻지 마세요. 뒤에 앉은 사람에게 물어 보세요.

그 사람이 먼저 시작했어요."라고

나스루딘이 대답했다.

258.

진정한 종교적 경험은 조직되거나 가르쳐지거나 전달될 수 없다.

그것을 체계화하는 것은 그것을 죽이는 것이다.

그것은 너무 생생하고 움직이고 역동적이어서

그것에 어떤 형식을 부여하는 것은 불가능하다.

경험은 항상 독특하고 개별적이어서

어떤 범주에도 들어가지 않는다.

개별적이 아닐 때

그것은 발생한다.

그것은 뒤따르지 않는다.

왜냐하면 모든 사람은 스스로 그것을 찾아야 하기 때문이다.

그것이 그것의 아름다움이자 자유이자 처녀성이다.

그것은 오래된 것에 어떤 반대의 의미에서도 새롭지 않다.

그것은 시간 없음의 의미에서 새롭다.

그것은 모든 꽃이 새롭고

모든 일출이 새롭고
모든 사랑이 새롭듯
영원히 신선하고 무구하다.
그것은 과거로부터 빌려 올 수 없다.
그것은 어떤 전통에 근거하지도 않는다.
그것은 밖에서 오지 않는다.
그것은 어느 원인 없이 안에서 발생한다.
그것은 무조건적으로 발생한다.
그것은 마음과는 연속적이지 않다.
그것은 불연속적인 폭발이다.
하늘에 구름이 있다.
하늘은 보이지 않는다.
그러나 어떤 연관성도 없다.
구름이 없어지면
하늘이 나타난다.
그러나 거기에 인과관계는 없다.
하늘은 구름조차 알지 못한다.
그것은 어떤 식으로든지 그것들에 의해 영향 받지 않는다.

259.

사랑.
삶은 죽음과의 직접적인 접촉으로 인해

훨씬 더 권위적이 된다.
그러나 우리는 항상 죽음이라는 사실로부터 도망치려 노력한다.
그러므로 삶은 모조이고 가짜이다.
권위적일 때
죽음조차 자체의 아름다움을 가지고 있다.
반면 가짜의 삶은 단지 추하다.

죽음에 대해 명상하라.
왜냐하면 만일 그대가 죽음을 직시하지 않는다면
삶을 알 수 있는 다른 방법이 없기 때문이다.
삶이 있는 곳이라면 죽음은 어디든 있다.
그것은 진실로 하나의 두 양면이며 동일 현상이다.
사람이 이것을 알게 될 때
그는 둘 다 초월한다.

그 초월 안에서만이
의식이 그리고
존재의 엑스타시가 온전하게 꽃 핀다

260.

사랑.
인간은 모든 것에 자신의 자아를 덧붙였다.

반면 모든 것은 그 없이도 존재한다.

그는 아무 것도 아니다.

그러나 그는 자신을 모든 것이라 여긴다.

물라 나스루딘이 우물곁을 걷고 있을 때

안을 들여다보고픈 충동이 일었다.

때는 밤이었고

그가 깊은 물속을 들여다보았을 때

그는 거기서 달 그림자를 보았다.

"나는 달을 구해야 한다.

그렇지 않으면 저 달은 다시는 비추지 못할 것이다.

라마단(Ramadan)의 단식은 결코 끝나지 않을 것이다."라고 물라는
생각했다.

그는 줄을 구해 그것을 우물 안으로 던져 소리쳤다.

"줄을 꽉 잡아라! 꺼지지 말고 곧 구하러 가겠다."라고 말하며

할 수 있는 한 강하게 밧줄을 잡아 당겼다.

뒤로 당기다가 그는 밧줄이 갑자기 헐거워짐을 느꼈다.

줄이 헐거워지자 그는 뒤로 자빠졌다.

숨을 헐떡이면 누워 있을 때

그는 하늘에 달을 보았다.

"그대를 도와 기쁘다."

261.

사랑.
그대는 진실로 분노가 무엇인지 알고 있는가?
분노할 때
그것을 의식하고 있는가?
나는 이런 질문을 한다.
왜냐하면 인간은 현재 속에 결코 현존하지 않기 때문이다.
그는 과거에 산다.
그것이 자신의 기억의 부분이 되었을 때
그것을 의식하게 된다.

사람은 분노와 슬픔이 다 끝났을 때야
그것을 의식하게 된다.
그 때의 의식은 단지 가짜 의식이다
그것은 의식이 아니라 기억이다.
기억은 아무 곳도 아닌 곳으로 인도한다.
왜냐하면 그것은 원을 순환하기 때문이다.
사람은 분노를 가지고 다툴 수 있다.
그러나 그는 그것을 결코 이해할 수 없다.
화를 가진 다툼은 분노이다.
물론 더 미묘하다.
그러므로 더 강하고 더 독성이 있다.

분노, 슬픔이나 행복을 생각하지 마라.

기억을 의식으로 오해하지 마라.

그러나 분노가 일 때 의식적이 되어라.

그것에 대해 완전히 의식적이 되라.

의식적으로 그것을 살아라. 그것으로부터 도망가지 마라.

그러면 그대는 그것이 무엇인지 알 수 있을 것이다.

그것을 이해한다는 것은 그것을 초월하는 것이다.

그러면 그대는 그대에게 쏟아지는

모든 이해를 초월하는

침묵을 발견할 수 있을 것이다.

262.

사랑.
진리를 본 적이 없다는 것은
그것을 본 적이 있다는 것보다,
그것을 행한 적이 없다는 것보다 낫다.

263.

사랑.
사람은 사고나 욕망이 일어나는 것을 결코 두려워해서는 안된다.

264.

사랑.
가장 순수한 광석은 가장 뜨거운 용광로에서 나온다.
만일 우리가 바위를 제거하면
시냇물은 자신의 노래를 잃어버릴 것이다.

265.

사랑.

텅빔이 되어라. 그러면 그대는 알 것이다.

벙빔이 되어라. 그러면 그대는 거울이 될 것이다.

단지 전체적 무(無)만이 모든 것을 알 수 있을 것이다.

나는 이와 같이 들었다.

비구니 치요노(Chiyono)가 수년 간 공부를 하고

존재에 대한 궁극적 질문에 대해 오랜 시간 명상을 하였으나

대답을 구하지 못했다.

생각으로 꽉 차 있으나 신성으로 가는 길을 찾을 수 없었다.

그녀는 자신에 대한 생각으로 가득 차 있어서

그녀는 신성에 접근할 수 없었다.

그녀가 깨달음을 더욱 갈망할수록

그것은 더욱 멀어져 갔다.

그러나 달빛 밝은 어느 날

그녀는 물이 가득 찬 항아리를 운반하고 있었다.

그 때 그것이 발생했다.

그녀는 물 항아리를 나를 수 있도록 고안된 대나무 막대가 부러졌

을 때

항아리 속 물에 비친 보름달을 보고 있었다.

항아리가 부서져 물이 쏟아져 내렸다.

그러자 달의 반영도 사라져 버렸다.

그것과 함께 치요노 자신도 사라졌다.

그녀는 사라졌고 깨달음만이 남았다.

그녀는 이런 구절을 썼다.

"이 쪽으로 저 쪽으로 약간 대나무가 부서지지 않도록 노력했다.

그러나 갑자기 항아리 아래가 부서지고 물이 다 쏟아졌다.

물 속에는 더 이상 달도 없고

내 손에는 텅빔만 남았다.

266.

사랑.

어느 날 린치(Lin-chi)가 "명상의 요지는 무엇입니까?"라는 질문을 받았다.

린치는 앉은 자리에서 내려 와 자신의 옷단을 질문자에게 들게 하고 그의 빰을 때리고는 그를 쫓아냈다.

물론 질문자는 놀라 서 있었다.

그러자 린치가 그에게 "왜 그대는 절을 하지 않는가?"라고 물었다.

"이것이 그대의 환상을 깨트렸다."

그가 스승에게 절을 하려고 했을 때

그는 명상의 첫 맛을 알게 되었다.

당부하건대 이것을 반복해서 읽어라.
만일 그대가 동일한 맛을 갖지 못한다면
그대 스스로 본인의 뺨을 때려라.
그러면 그대는 동일한 맛을 갖게 될 것이다.

267.

사랑.
태양은 하늘에 높이 떠오르고 있다.
빛은 창을 통해 집안으로 들어오고 있다.
먼지는 빛 속에서 움직이고 있다.
그러나 방의 빈 공간은 움직이지 않고 있다.

그대의 눈을 감고 침묵을 유지하라.
그리고 자신에게 "나는 누구인가?"라고 질문하라.
나는 움직이는 먼지인가 아니면 방은 움직이지 않는 공간인가?

지적으로 대답하지 마라.
왜냐하면 지적인 대답은 대답이 아니다.
그러나 기다려라 그러면 깨달을 것이다.

휴윤(Hsu Yun)은 "마음은 외부의 먼지이다."라고 이야기한다.

그대는 누구인가? 마음인가? 외부 먼지인가? 아니면?

268.

사랑.
마음은 질문을 하기 위해 존재한다.
그러나 질문만 한다.
그것은 결코 대답하지 않는다.
그것은 결코 대답할 수 없다.
비밀은 마음 너머에 있다.
마음은 비밀을 위한 것이 아니다.

비밀은 마음의 기능이 아니다.

그러나 마음은 대답을 찾기 위해 노력한다.

결과는 철학이라 불리는 혼란 덩어리이다.

명상은 결코 질문하지 않는다.

그러나 대답한다.

명상은 대답이다.

왜냐하면 그것은 삶이기 때문이다.

왜냐하면 그것은 존재이기 때문이다.

질문. 대답 없는 질문이다.

질문하지 마라. 그대가 대답이다.

왜 그것이 그래야 하는가?

그것은 그래서이다.

왜냐하면 질문하는 의식은, 마음은 방해 받는다.

질문하지 않는 의식은

이러한 그러함 속에서 마음비움은 침묵이고 조용하고 편안하다.

철학은 질문에서 나온다.

종교는 비질문의 의식에서 나온다.

논리는 철학의 방법이다.

명상은 종교의 방법이다.

269.

사랑.
만일 현재가 과거와 연속성을 갖는다면
그것은 전혀 현재가 아니다.
현재가 되기 위해서는
현재는 과거와 불연속이 되어야 한다.
그래야 그것은 젊고 신선하고 새로운 것이 된다.
그것은 시간에 속한 것이 아니다.
그것은 영원 그 자체이다.

지금은 영원하다.
그러나 우리는 과거 혹은 미래에 거주한다.
그것은 과거 그 자체의 헛된 울림에 지나지 않는다.
우리의 온전한 행위는 과거나 미래로부터 나오는데 그것은 동일한
것이다.
현재는 가짜이고 죽은 것이다.
만일 현재가 가짜라면 우리는 진짜일 수 없다.
만일 현재가 죽었다면 우리는 살아 있을 수 없다.
이것이 내가 왜 현재에 살라고
매 순간 과거에 죽으라고 주장하는 이유이다.

순간에서 순간으로 원자적으로 살아라.
그러면 그대의 삶은 완전히 다른 성질을 가질 것이다.

그것은 신성이란 성질이다.

270.

사랑.

나에게 명상이란 즐기는 것이고 모든 진지함을 초월하는 것이다.

보라.

삶은 진지하지 않다.

주변을 보라. 존재는 진지하지 않다.

오직 병(病)만이 진지하다. 물론 죽음도 진지하다.

죽음을 팔아먹는 사람들은 종교인들이다.

삶은 유희적이고 축제적이다. 그러므로 목적이 없다.

그것은 목적지를 가지고 있지 않다.

왜냐하면 목적지가 없기 때문이다.

그것은 항상 여기 그리고 여기이다.

그것은 항상 지금 그리고 지금이다.

그것은 여기서 여기로, 지금에서 지금으로 넘쳐흐르는 풍부한 에너지이다.

그대가 그것을 안다면 그것과 함께 있다면

그대는 목적 없는 목적의 엑스타시를 경험하게 될 것이다.

마음이 되지 마라. 그대는 그것을 알 것이다. 그것이 되어라.

명상은 마음이 없는 것이다.

마음은 사고이다. 사고는 존재로부터 벗어나는 것이다.

마음은 사물의 원래 그러함을 잊어버리는 것이다.

명상은 집으로 되돌아오는 것이다.

그러므로 집으로 되돌아오라.

나는 상황을 만든다. 그대가 잊은 것을 기억해 내도록 말이다.

그대가 되돌아 올 때까지 나는 상황을 만들어 낼 것이다.

271.

사랑.

증명할 수 없는 것들이 있다.

그렇게 하기 위한 증거도 없다.

왜냐하면 그것들은 자명(自明)한 것이기 때문이다.

그것들을 증명하고자 하는 노력은 어리석다.

그 노력은 사람이 그것들에 익숙하지 않음을 보여 줄 뿐이다.

이러한 것이 신의 증명을 위한 모든 것이다.

찻집에 앉아서 어느 날 물라 나스루딘은 여행하는 학자의 수사(修辭)를 들었다.

그는 신의 존재를 증명하기 위해 논쟁하고 있었다.

어떤 문제에 대해 동료 중 한 사람이 질문을 하자

그는 자신의 주머니에서 책을 한 권 꺼내

그것을 책상 위에 쾅!하고 내려놓았다.

"이것이 나의 증거다. 나는 그것을 내가 썼다!"

읽을 수 있는 사람뿐 아니라 쓸 수 있는 사람도 드물었다.
그런데 책을 쓸 수 있는 사람이라니!
마을 사람들은 깊은 존경을 가지고 그를 대하였다.
물론 물라 나스루딘은 감명 받았다.

며칠 후 물라는 찻집에 나타나
집을 구입하기를 원하는 누군가 있는지 물었다.
"우리들에게 그것에 대해 이야기 해 주세요.
왜냐하면 우리는 그대가 집을 가진 것조차 알지 못해요."라고
사람들이 물라에게 물었다.
"행동이 말보다 더 크게 말을 한다."라고 물라는 소리쳤다.
그리고 나서 자신의 주머니에서 벽돌 하나를 꺼내
그들 앞에 있는 책상 위로 집어 던졌다.
"이것이 나의 증거이다. 품질을 조사해 보아라.
나는 내 스스로 그 집을 지었다."라고 그가 말했다.

272.

사랑.
그대가 나와 있을 때 완전히 편히 있고 마음을 내려놓아라.
말하자면 온전한 그대가 되어라.
만일 그대가 울고 싶다면 울도록 하여라.
만을 그대가 흐느끼고 싶다면 흐느끼도록 하여라.

단지 지속적으로 의식의 상태에 머물러라.

그대가 하고 있는 것에 대해 생각하지 마라.
그냥 행동이 되어라.
그대의 감각이 바람에 흔들리는 나뭇잎처럼 흔들린다면
이 흔들림 안으로 들어가라.
왜냐하면 이러한 상황 안에서만이 존재는 드러날 수 있다.

만일 어떤 사람에 대해 좋아하거나 싫어하는 감정이 일어난다면
그것을 사람에 대한 질문에 반영하지 마라.
그대 안에 중심을 잡은 채 머물도록 하라.
그대는 이 세상의 것이 전혀 아닌 초월을 알게 될 것이다.

273.

사랑.
과거도 아니고 미래도 아니다.
그러나 마음은 이 두 개의 비존재 사이에 존재한다.
그러므로 불행이다.

마음 속에 산다는 것은 불행 속에, 혼란 속에, 지옥 속에 산다는 것
이다.
갑작스럽게 이것을 의식해 보라.

그러면 거기에 새로운 열림이 있을 것이다.

현재가 열린다. 사물의 있는 그대로가 열린다.

현재가 유일한 존재이다. 그것이 존재이다.

그 안에 머물러라. 그대는 해방될 것이다.

그 안에 살아라. 축복이 있을 것이다.

274.

사랑.

어떤 사상으로도 새로운 세상, 마음,

새로운 인간 존재를 창조하는데 도움을 줄 수 없다.

왜냐하면 사상적 방향 그 자체는 모든 다툼과 불행의 원인이기 때문이다.

사고는 범주를 만든다.

사고는 분할을 만든다.

사고는 편견을 만든다.

이것이 모든 사상이 실패하는 이유이다.

지금 새로운 인간은 종교, 정치와 같은 사상 없이 사는 법을 배워야 한다.

마음이 어떤 사상에 얽매여 있지 않을 때

그것은 새로운 이해를 위해 이동하는 것이 자유롭다.

그 자유 안에서 좋고 아름다운 모든 것이 꽃핀다.

275.

사랑.
린자이(Rinzai)의 제자가 다리 위에서 세 사람을 만났다.
그들 중 한 명이 그에게 물었다.
"명상이란 강의 깊이는 얼마입니까?"라고 묻자
"스스로 찾아보세요."라고 말하면서 질문자를 다리에서 집어 던지
려 하였다.
그러나 불행하게도 그 남자는 그로부터 제때 도망쳤다.

만일 그대가 그대를 강물로 던질 수 있는 사람을 만난다면
행운으로 여겨라.

그대는 이러한 사람을 만났다.
빠질 준비를 하여라.

276.

사랑.
그대는 죽음으로도 잃지 않을 것만을 소유하고 있다.
모든 다른 것은 환상이다.
심지어 소유자도 그러하다.
왜냐하면 그것은 최종 난파를 견딜 수 없을 것이다.

그러면 남아 있는 것을 찾아라.

내부로 시선을 바꾸고 명상하라.

죽음에 취약한 모든 것을 버려라.

"이것도 아니다. 저것도 아니다."라고 말하라.

버릴 것이 아무 것도 남아 있지 않은 지점까지 깊이 들어가라.

그러면 깨달음이 올 것이다.

277.

사랑.

미치지(狂) 않고 성취하는 것보다 더 큰 것은 없다.

말하자면 의식의 일상적 단계를 통한 부숨 없이 말이다.

더 아래 놓여 있는 숨겨진 힘을 느슨하게 하라.

또한 그것에 닿아 침투하는 것은 더 위의 것이다.

다른 커다란 것에 대해서는 사실이 아닐 것이다.

그러나 명상에 관한 한 그것은 절대적으로 옳다.

명상은 미침을 의미한다.

물론 방법과 함께 말이다.

278.

사랑.

그대 자신을 모든 고정된 사상으로부터 분리해라.

그것들은 모든 살아 있음과 무구(無垢)의 살인자들이다.

그것들은 깨달음의 필수품이다.

편견의 덫을 주의하라.

그것들은 그대 의식의 정체성을 만든다.

바다를 만나기 위해서는 그대는 역동적인 것을 필요로 한다.

살아 있으라, 유동체로 흐르라.

그러면 목표가 멀지 않았다.

279.

사랑.

명상은 신으로 가는 자아의 훈련된 문이다.

두려움 때문에 우리는 닫혀있다.

사랑만이 문이 될 수 있다.

그러므로 더 사랑하라.

아니면 사랑을 받아라.

그러면 두려움과 긴장이 덜 할 것이고

그대는 더 열린 마음을 갖게 될 것이다.

이것은 명상을 돕는다.

명상과 사랑은 길이다.

280.

사랑.
진리는 결코 낡은 것이 아니다.
그것은 전달될 수도 없다.
사람은 그것을 알아야 하고 그것과 자신을 일치시켜야 한다.
이것이 왜 모든 전통이 그것을, 모든 경전을, 모든 말을 왜곡하는 이
유이다.
결국에는 아무 것도 없다.
그러나 물라 나스루딘의 수프에는……

그러나 나는 그대에게 이 이야기를 해야만 한다.
시골에서 온 한 친척이 나스루딘을 보기 위해 오리를 가지고 왔다.
나스루딘은 고마워했다.
오리를 요리해서 그것을 손님과 함께 나눴다.
그 때 다른 방문자가 도착했다.
"나는 당신에게 오리를 가져다 준 사람의 친구이다."라고 그 사람이
말했다.
나스루딘은 그 역시 음식을 나눠 주었다.
이런 일이 몇 번이나 반복되었다.
나스루딘의 집은 마을 밖에서 온 방문자를 위한 식당처럼 되었다.

모든 사람이 처음에 오리를 가져 온 사람의 친구의 친구였다.

마침내 나스루딘은 분노하였다.

어느 날 문을 두드리는 소리가 났고 낯선 사람이 서 있었다.

"나는 그대에게 오리를 가져 다 준 사람의 친구의 친구의 친구이다."라고 그 사람이 말하자

"안으로 들어오시죠."라고 나스루딘이 대답하였다.

그들은 테이블 옆에 앉았다.

나스루딘은 부인에게 수프를 가져 오라 말하였다.

손님이 그 맛을 보자

그것은 따스한 물에 가까웠다.

"무슨 수프가 이 모양이죠?"라고 그가 물라에게 물었다.

"그것은 오리 수프의 수프의 수프의 수프의 수프랍니다."라고 물라가 대답했다.

281.

사랑.

인간은 합리적인 동물이, 이성적인 존재가 아니다.

그것은 비이성적인 것보다 훨씬 더 위험한 것이다.

"버번(Bourbon) 한 잔 하고 물 한 잔 주시오!"라고

보기에도 술이 많이 취한 사람이 바텐더에게 주문하였다.

주문한 것이 그 앞에 놓이자

그 주정뱅이는 자신의 주머니에서 벌레를 꺼내
그것을 물 잔 속에 담갔다.
벌레가 얼마간 수영하는 것을 지켜 본 후에
그는 물속에서 벌레를 꺼내
그것을 위스키에 담갔다.
그것은 잠시 꿈틀거리더니 꼬부라져서는 곧 죽고 말았다.
"봤지?"라고 주정뱅이는 바텐더에게 말했다.
"만일 그대가 위스키를 계속해서 마신다면
그대는 결코 벌레를 볼 수 없음을 증명했다."라고 그는 말했다.

282.

사랑.
삶은 설교이다.
존재는 자신만의 방법으로 설교한다.
그러나 항상 간접적이다.
그것이 존재의 아름다움이다.

자연 속의 조화는 어떤 의도 없이 가르친다.
삶에 있어 균형의 교훈 등이 그것이다.
하늘을 나는 새를 보라.
노력 없이 그대는 명상할 수 있다.
아니면 그들의 노래 소리를 들어라.

그대 쪽에서 어떠한 노력도 하지 않을 때
명상은 더욱 깊어지고 갑자기 그대를 변형시킨다.
어떤 동기가 없을 때 그대는 움직인다.
그 움직임은 신성 안에서의 움직임이다.

283.

사랑.
나는 그대 내부의 상황을 안다.
그대가 그대를 아는 것보다 더 안다.
왜냐하면 지금 그대의 내부는 나의 외부가 아니기 때문이다.
그대에게 무의식적으로 발생하는 것
그대의 의식적 의지에 반(反)하는 것조차 좋다.
그것들을 반기고 감사해라.
왜냐하면
아무 것도 그대의 의지와 함께
그대에서 신성한 것이 발생할 수 없기 때문이다.
차라리 그대의 의지는 단지 장애이다.
온 마음을 다해 말하라. 그러면 이루어질 것이다.
그것을 느껴라.
그것을 살아라.
집에 다 와 간다.
나는 그대를 기다리고 있다.

많은 일이 그대를 기다리고 있다.

그대가 회의적이라는 것을 나는 안다.

그것은 나쁘지 않다.

그러나 그것과 함께 시작하는 것은 좋은 시작이다.

마음이 있는 곳에 회의(懷疑)가 있다.

마음은 회의이다.

그러므로 다툼이다.

그것이 마음이 존재하는 방식이자 마음의 본성이다.

그것과 다투지 마라.

그것과 동일시하지 마라.

이것들은 명백한 대안이다.

그러나 둘 다 오류이다.

동일 동전의 양면이다.

그대는 그 사이를 걸어야 한다.

이리 와서 나와 함께 해라. 그대는 이해할 것이다.

284.

친애하는 묵따(Mukta)에게.

사랑.

맞다.

그대는 그대 전생 중 하나인 요가 비벡(Yoga Vivek)과 관련 있다.

이제 그대는 많은 것을 곧 기억해 낼 것이다.

왜냐하면 열쇠가 그대 손에 있기 때문이다.

그러나 그것들을 전혀 생각하지 마라.

그렇지 않으면 그대의 상상력은 기억과 섞일 것이다.

그러면 무엇이 진짜이고 그렇지 않은지

알기가 어려워질 것이다.

그러므로 지금부터 항상 그대가 전생의 삶을 생각하지 않도록

주의하라.

기억들이 그들 스스로 떠오르도록 하여라.

그대 쪽에서의 어떤 의식적 노력도 필요하지 않다.

반대로 그것은 엄청난 방해이다.

무의식이 작동하게 하라.

그대는 단지 목격자가 되어라.

명상이 깊어질수록 많은 잠긴 문들이 그대를 향해 열릴 것이다.

그러나 신비들이 그들 스스로를 밝힐 때까지 기다려야 함을 기억하라.

씨앗은 이미 깨졌다. 많은 것들이 뒤따를 것이다.

그대는 단지 기다리면 된다.

목격자가 되어라.

285.

사랑.

그대 자신을 신성에 던져라 그러면 정화될 것이다.

그대를 내려놓아라. 다시 태어날 것이다.

저항하지 마라.

가거라!

286.

사랑.

보아라. 이것은 하얀 종이다.

단어가 적혀 있다.

그대는 하얀 종이로 혹은 단어로 그것을 볼 수 있다.

아니면 소나타를 담고 있는 침묵을 들어라.

그대는 침묵 혹은 소나타를 의식할 수 있다.

혹은 건물을 담고 있는 공간을 생각하라.

그대는 공간이나 건물을 의식할 수 있다.

혹은 빈 집을 상상하라.

그대는 그것을 벽이나 빈 공간으로 인식할 수 있을 것이다.

만일 그대가 단어를, 건물을, 소나타를, 벽을 본다면

그대는 마음 속에 있다.

그러나 만일 그대가 하얀 종이나 침묵이나 공간이나 텅빔을 본다면

그대는 명상 속에 있다.

287.

사랑.
소리에서 소리 없음으로의 이동이 길이다.
옴(A-U-M)과 같은 소리를 읊조려라.
천천히 소리가 소리 없음으로 들어감에 따라 그대도 그렇게 될 것
이다.

그렇지 않으면, 어떤 두 소리 사이에 머물러라.
그대 자신은 소리 없음이 될 것이다.
그렇지 않으면,
폭포수의 지속적인 소리로 목욕을 하라. 혹은 다른 소리도 좋다.
그러지 않다면 그대의 손가락을 그대 귀에 놓아라.

그리고 모든 소리의 근원을 들어라.

갑작스런 침묵의 폭발이, 우주의 음악이 들릴 것이다.

소리 없음의 심연으로 떨어질 수 있도록 모든 방법을 사용하라.

그대는 신성에 도달할 것이다.

288.

사랑.

그대에 대한 많은 기대로 흥분되었다.

그대 안에서 그대 밖에서 많은 일이 일어날 것이다.

그대는 폭발 일보직전에 있다.

그러므로 혼자 있어라.

그 혼자 있음과 살아라.

아니, 그 혼자 있음이 되어라.

그것이 지금 그대를 위한 유일한 명상이다.

외로움은 부정이다.

외롭다는 것은 타인의 부재에 대한 인식임을 깨달아라.

그러나 혼자 있음은 마음의 가장 긍정적인 상태이다.

그것은 자신의 현존에 대한 깨달음이다.

그대가 현존임을 깨달아라.

그냥 의식하라. 그리고 기다려라.

발생할 때까지 기다려라.

그 순간이 가까이, 아주 가까이 있다.

내가 그대와 함께 하는 것을 기억하라.

그대가 나를 알지 못할 때조차도

나는 항시 그대와 함께 있었다.

항시 나의 축복을 느껴라.

289.

사랑.

타쿠안(Takuan)이 말했다.

"그대는 딱딱한 얼음 안에서 목욕할 수 없다.

마찬가지로 그대는 얼어붙은 의식 안에서 살 수 없다.

그것 외에 마음은 무엇인가?

들어가서 찾아보아라.

어느 누구에게도 요구하지 마라.

경전에 가서 답을 구하지 마라.

그대 안으로 들어가서 답을 찾아라.

그것에 대해 생각하지 마라.

왜냐하면 그것은 불합리하기 때문이다.

어떻게 그대는 마음에 반대해서 생각할 수 있는가?

사고로부터 나온 모든 결론은 마음을 단지 강화시켜 줄 뿐이다.

생각하지 마라.

왜냐하면 사고는 멈춤이고, 그침이고, 얼림이기 때문이다.

사고는 질병이다.

안으로 들어가서 찾아라. 즉각!

순간의 사고.

그대는 다시 옛 관습에 있다.

순간의 사고.

그대는 진실로부터 너무 멀리 떨어져 있다."

290.

사랑.

우리는 우리 자신에게 무릎 꿇어야 한다.

왜냐하면 우리는 우리의 경험으로부터, 우리의 욕망으로부터, 꿈으로부터

혹은 소위 논리나 어리석은 논쟁을 통해 만든 신에게 무릎을 꿇기 때문이다.

이것은 겸손이나 기도가 아니다.

반대로 이것은 가장 자기 중심적인 태도이다.

참된 종교적인 마음은 특히 어느 누구에게도, 어느 신상에게도 무릎 꿇지 않고 단지 무릎 꿇는다.

무릎을 꿇는다는 것은 자신의 전체적인 무(無)에게 꽃을 내리는 것이다.

그러면 이 무릎 꿇음은 삶의 내적인 길이 된다.

만일 기도가 이러하다면 기도는 가짜이다.

사람은 기도할 수 없다.

사람은 단지 기도적으로 될 뿐이다.

291.

사랑.

그대는 자아로부터 도망갈 수 없다.

왜냐하면 그대는 자아이기 때문이다.

어떻게 그대는 그것으로부터 도망칠 수 있는가?

그것은 자신의 그림자로부터 도망치는 것과 같다.

그대의 모든 노력은 헛될 것이다.

차라리 멈추고 그것을 보라, 목격하라, 의식하라.

그림자와 마주하라. 그것은 어디에 있는가?

그것은 진실로 있었던 적이 없다.

그대는 그것과 마주하지 않음으로써 그것을 만들어냈다.

그대는 그것으로부터 도망침으로써 그것을 강화시켰다.

이제 그 게임을 멈출 때가 되었지 않는가?

292.

사랑.

찾아라. 자아는 항상 뒤 어딘가에 있다.

찾아라. 모든 행위에 있어 자아는 동기이다.

만일 사람이 이것이 그러함을 알게 된다면

그것을 깨닫는다면

사람은 그것 너머로 갈 수 있다.

왜냐하면 모든 깨달음은 저 너머로 가는 것이다.

물라 나스루딘이 이웃에게 이야기하였다.

"형제여,

돈을 갚을 수 없는 가난한 사람의 빚을 갚기 위해 돈을 모으고 있다."

훌륭한 이웃은 그에게 돈을 주었다.

"그 가난한 자는 누구인가?"라고 묻자,

"나요!"라고 말하고는 서둘러 달아났다.

몇 주 후 그는 다시 그 집을 방문했다.

"그대가 아마 빚에 대해 이야기할 것이라 짐작하는데."라고 믿음직한 이웃이 말했다.

"그렇다."

"나는 어떤 사람이 빚을 갚을 수 없다고 추측한다.

그대는 기부를 원하는가?"

"그렇다."

"내 생각건대 돈을 빚진 것은 그대 아닌가?"

"이번에는 아니다."

"그렇군. 그 소리를 들어 기쁘다. 이 기부를 받아라."

나스루딘은 돈을 주머니에 넣었다.

"한 가지 질문이 있다.

이 특별한 경우에 무엇이 그대의 인간적인 감정을 자극하였는가?"

"글쎄..... 그대도 알다시피..... 내가 빚진 사람이기 때문이다."

293.

사랑.

지식은 경험을 통한 것이다.

단순한 정보는 지식이 아니다.

반대로 지식이 마음에게 명확성을 주지는 않는다.

왜냐하면 혼란스런 마음은 여전히 그것에 더 큰 부담이기 때문이다.

두 사람이 수년 간 규칙적으로 함께 체스를 두고 있었다.

그들의 실력은 막상막하였다.

그들은 상당한 라이벌이었다.

어느 순간 한 사람이 다른 사람과 둘 때마다 매번 이기기 시작했다.

상대는 이 현상을 이해하는 것이 완전히 당황스러웠다.

반대로 그는 게임을 이기는 것을 기대했다.

왜냐하면 그는 4권짜리 "체스 두는 법"을 읽고 있기 때문이었다.

많은 생각 후에 그는 생각 하나가 떠올랐다.

그는 자신이 읽고 있던 책을 친구에게 선물로 보냈다.

오래 걸리지 않아 서로 승패가 다시 막상막하가 되었다.

294.

사랑.

세상에 신성의 증거는 없다.

왜냐하면 그것은 안에 아주 깊이깊이 숨겨져 있기 때문이었다.

그러나 그대 안에 절대적 증거가 있다.

왜냐하면 그것은 안이 깊고 깊고 깊기 때문이다.

안으로 들어가라. 그것을 발견하라.

그것에 대해 생각하는 것은 도움이 안 될 것이다.

행동이 필요하다.

행동은 스스로를 돌아보는 것이다.

그러므로 행동하라.

즉, 안을 들여다보라.

인간은 그가 태어나기 전에 쓰여 봉해진 책과 같다.

보통 그는 죽을 때까지 그것을 개봉하지 않고 갖고 다닌다.

그것을 여는 사람은 주인공이 자기가 아니라
오직 신성이라는 것을 안다.

295.

사랑.
진리는 귀족적이다.
그것은 투표나 수로 정해질 수 없다.
왜냐하면 진리는 그것 자체로 충분하기 때문이다.
그것은 도움이나 협조를 필요로 하지 않는다.
그것은 증거조차도 필요로 하지 않는다.
왜냐하면 진리는 자명(自明)이기 때문이다.

어떤 남자가 죽을 것이라 여겨졌다.
그래서 장례가 준비되고 있었다.
그가 되살아났을 때
그는 앉았다.
그러나 그를 둘러 싼 모습에 너무 충격을 받아 사망했다.
그는 관 속에 놓였다.
장례식 행렬이 묘역을 향해 떠났다.
그들이 무덤에 도착하자마자
그는 의식을 다시 회복했다.
관 뚜껑을 열고자 도와 달라고 소리쳤다.

"그가 다시 살아나는 것은 불가능하다.

왜냐하면 그는 전문의사로부터 사망 진단서를 받았기 때문이다."라고 추모자들이 말했다.

"그러나 나는 살아 있다."라고 그 남자가 소리쳤다.

그는 거기에 있었던 유명인과 공정한 과학자와 법학자에게 문의했다.

"잠깐만!"이라고 전문가가 말했다.

그런 다음 그는 추모자들을 향해 그들 숫자를 헤아리기 시작했다.

"지금 우리는 사망선고를 받은 사람이 말하는 것을 들었다.

그대 50명의 목격자들은 그대가 진실로 여기는 것을 내게 말해야 한다."

"그는 죽었다."라고 목격자들이 이야기하였다.

"그를 묻어라!"라고 전문가가 이야기하였다.

그리하여 그는 묻히고 말았다.

296.

사랑.

선택은 모든 분노의 원인이다.

선택하라.

그러면 그대는 천국을 선택할지라도 항상 지옥을 선택하는 것이다.

누가 직접 지옥을 선택하는가?

모든 사람이 지옥에 거주한다.

이 무슨 계책인가!
천국으로 가는 문은 지옥으로 가는 것이다!

그러면 무엇을 해야 하는가?
전혀.
왜냐하면 아무 것도 하지 않음 속에서
그대는 있는 그대로써 모든 것들에 대해 만족할 수 있기 때문이다.
그대는 두드리지 않고도 올바른 문을 찾은 것이다.

297.

사랑.
침묵은 축복이다.
그러나 침묵은 그대가 만든 것이 아니다.
왜냐하면 그대는 소음이기 때문이다.
그러므로 그대는 침묵을 만들 수 없다.
그러나 그대는 그것에 대한 환상을 만들 수 있다.
이 환상은 모든 종류의 자동적인 자기 최면 기술로 만들 수 있다.

그러므로 침묵하기 위해 자기암시를 결코 사용하지 마라.
차라리 끊임없이 떠드는 마음을 의식하라.
그것을 만들기 위해서가 아니라 이해하기 위해서임을 의식하라.
이것을 이해한다는 것은 소음의 부재가 아닌,

긍정적 축복이라는 침묵의 꽃세례를 받는 것이다.

298.

사랑.
진리를 탐구하기 위해
사람은 자신의 편견으로부터 자유로워야 한다.
말하자면 자신으로부터이다.
그렇지 않으면
그는 쳇바퀴 속의 다람쥐가 될 것이다.
왜냐하면 알려진 것은 미지의 것을 위해
결코 문이 될 수 없기 때문이다.
알려진 것은 마음이다.
그러므로 마음은 장애물이다.
이 사실을 주의 깊게 보아라.
마음의 지독한 순환에 주의하라.
그러면 거기에 초월이 있을 것이다.
알려진 것은 미지의 것을 위해 존재함을 그쳐야 할 것이다.
알려진 것은 미지의 것을 위해 자신을 양도해야 할 것이다.
알려진 것의 이러한 그침이 명상이다.

299.

사랑.
그대가 그대 안으로 더 깊이 들어 갈수록
그대는 그대를 덜 발견할 것이다.
그것이 그대 존재의 바로 핵심이다.

그 역도 마찬가지이다.
왜냐하면 그대가 밖으로 더 나갈수록
그대는 그대 자신을 더 잘 발견할 수 있을 것이다.
그것이 그대 비존재의 바로 핵심이다.

이것들이 그대가 갈 수 있는 두 개의 길이다.
첫 번째는 명상의 길이다.
두 번째는 마음의 길이다.

300.

사랑.
평범함이 되어라,
너무 평범해서 그대가 실제 아무도 아닌 것이 될 정도로 말이다.
거기에 열림이 있다.
거기에 폭발이 있다.

그대가 아닐 때만이 그대는 비범해 질 수 있다!

그러나 그것에 대해 생각하지 마라.
그것에 대해 갈망하지 마라.
만일 갈망이 인다면 그것을 의식하고 웃어라.
의식하면 그것은 그칠 것이다.
만들어진 에너지는 웃는 사람이 사용할 것이다.
웃은 후에 그대는 깊은 쉼을 느낄 것이다.
그러면 춤을 추거라 노래를 시작하라.
마음의 부정적인 상태는 긍정으로 변형될 것이다.

어떤 사람이, 누군가가 되고자 하는 갈망은
완전히 부정적이다.
왜냐하면 자아는 존재의 부정이기 때문이다.

자아는 부정의 원칙이다.
만일 부정이 부정되면 그대는 긍정이다.
자아는 모든 열등의 원인이다.
그러나 계략은 미묘하다.
왜냐하면 자아는 우월성을 약속하기 때문이다.
결국 결과는 열등으로 끝난다.
이 비밀을 해독하라. 이것을 매우 명확하게 이해하라.

우월에 따라 생각하는 자는

항상 열등으로 남을 것이다.

왜냐하면 이것은 동일 동전의 양면이기 때문이다.

우월성의 씨를 뿌려라. 그러면 그대는 열등이란 수확을 거둘 것이다.

우월에 대한 갈망으로 시작하라. 그러면 그대는 열등으로 끝날 것이다.

그것과 연관된 모든 지옥은 그 안에 있다.

겸양과 겸손으로 시작하라.

그대는 신성에 가까워 질 것이다.

실제 그대는 신성이다.

그러나 자아는 그대 자신의 신성으로 가는 길을 허락하지 않는다.

반대로

그것은 단지 새로운 지옥을 만들기 위해 새로운 상상의 천국을 만들 것이다.

천국으로 들어가는 것은 지옥으로 들어가는 것이다.

이것에 주의하라. 자아라고 하는 것을 주의하라.

그것은 지구상에 존재하는 모든 혼란의 창조자이다.

무아가 되어라. 이미 무아인 그대는 무아가 될 것이다.

항상 영원한 축복인, 자유인, 우주적 존재인 브라만인 무아였다.

땃 뜨왐 아시(Tat Tvam Asi) - 그대가 그것이다.

내 사랑.

301.

사랑.
인간은 자신에 대해 의식하지 못하고 있다.
그는 자신에게 무슨 일이 일어나고 있는지
자신의 존재의 상태에 대해서도 알지 못한다.

어느 날 어떤 사람이 나무를 잘랐다.
이 광경을 보고 있던 수피가 "수액 가득한, 행복한 이 가지를 보라.
왜냐하면 절단된 것도 아직 모르고 있다."고 말했다.
그러나 그의 동료가 말했다.
"그렇다. 가지는 자신의 상처에 대해 아직 알지 못한다.
그러나 때가 되면 알 것이다."
이것을 듣고 수피가 웃으며 말했다.
"그러나 그대는 그것을 추론할 수 없다."

이런 공경(恭敬)은 인간의 상태이다.
이 무지는 인간의 상태이다.
그대는 그를 추론할 수 없다.
아니면 할 수 있는가?

그러나 이것은 무관하다.
만일 그대가 그대 자신을 추론할 수 있다면, 그것은 충분한 것 이상
이다.

302.

사랑.

삶에서 모든 것은 온전한 존재이다. 유기적으로 온전한 존재이다.

그대는 그것을 분리하거나 부분으로 쪼갤 수 없다.

사랑은 그와 같다.

명상 역시 그와 같다.

심지어 죽음조차 그와 같다.

그것이 내가

"죽음은

죽는 것이 아니라 유기적으로 삶과 하나가 되는 것이라."라고 말하
는 이유이다.

그대는 점진적으로 죽을 수 없다.

그대가 명상을 하거나 기도로 하거나 예배를 드릴 때도

이것을 항상 기억하라.

부유한 여인이 기르고 있는 아주 비싼 닥스훈트가 교통사고를 당했
다.

경찰관이 사람을 보내 부인에게 사고 소식을 알렸다.

"그녀는 개를 끔찍이 아끼기 때문에 소식을 조심히 전달해야겠
군....."이라고 대리인이 말했다.

그는 여인의 집 문을 노크하였다.

여인이 나타나자 그는 "죄송합니다.

그대 개의 일부가 교통 사고를 당했습니다."라고 말했다.

303.

사랑.

인공적인, 표면적인 훈련은 소용이 없다.

내적인 자연스런 훈련으로 충분하다.

그러나 내적 훈련이란 무엇인가?

한 마디 말로 하자면 그것은 '수용',

즉 '완전한 수용'이다.

수용만이 전체가 될 수 있다.

왜냐하면 부분적 수용은 말하자면 모순이다.

만일 그대가 산다면, 살아라!

만일 그대가 죽는다면, 죽어라!

만일 그대가 고생한다면, 고생하라!

아무 문제도 걱정도 분노도 없을 것이다.

이런 자유란!

선가(禪家)의 스승이 질문을 받았다.

"엄청나게 더운데, 어떻게 우리는 그것을 피할 수 있습니까?"

"덥지도 춥지도 않은 곳으로 왜 가지 않느냐?"라고 그가 답했다.

"그 장소는 어디입니까?"

그러자 스승이 웃으면 말했다.
"여름에 우리는 땀을 흘리고 겨울에 우리는 덜덜 떤다."

304.

사랑.
"인간은 어떻게 자신에 대해서 배울 수 있습니까?"라고 괴테가 묻고 다시 본인이 답했다.
"반성(反省)으로는 결코 알 수 없고 행동으로만 알 수 있다."
존 버로우(John Burroughs)가 이것에 의심을 품고 다음과 같이 말했다.
"이것은 반만 사실 아닙니까?
왜냐하면
사람은
행위를 함으로써 얻어지는 행위의 힘과
생각에 의한 사고의 힘을 배울 수 있습니다."

그러나 나는
인간은 모든 그의 행위와 모든 사고보다 더한 존재라고 말한다.
만일 더 많이 알지 못한다면 아무도 자신을 알 수 없다.
그 더는 행위나 반성으로 알려지지 않는다.

왜냐하면 그 둘은 변두리에 속한 것이기 때문이다.

그 더는 영원히 중심이다.

그것은 목격하는 행위와 사고를 통해 알려질 수 있다.

그것들에 의한 것이 아니라 그것들을 목격함으로써이다.

목격함은 명상이다.

305.

사랑.

인간의 궁극적 질문에서는 답이 없다.

왜냐하면 질문이 불합리하기 때문이다.

게다가 아무도 그것들에 대답할 수 없다.

존재는 침묵이고 항상 그래왔다.

그러므로 질문하지 마라.

침묵하라. 그것에 살아라. 그것을 알아라.

왜냐하면 삶 외에 앎이 없기 때문이다.

대답을 찾는 것은 의미가 없다.

정신 병원에서 환자가 자신의 귀를 병실 벽에 대고 집중해서 무엇인가를 듣고 있었다.

"쉿!" 그는 간호조무사에게 단호한 목소리로 속삭이며 벽을 가리켰다.

간호조무사가 자신의 귀를 벽에 대었다.

"아무 것도 안 들리는데요."라고 그가 말했다.
"아니다, 놀라운 일이다. 이것은 이런 식으로 있어 왔다!"

306.

사랑.
마음은 논리적 몽유병 상태에서 살고 있다.
그것은 논쟁과 말을 먹여 살리고 있다.
그대는 점진적으로 혹은 논리적으로 혹은 이성적으로
그것으로부터 나올 수 없다.
차라리 비논리적인, 비이성적인 점프를 하라.
점프는 그 이외에는 아무 것도 될 수 없다.
그것은 계산되거나 개념화되거나 미리 정해지거나 할 수 없다.
왜냐하면 그것은 미지의 것으로, 계산 안된 것으로, 예측 불가능한
것으로 궁극적으로는 미지의 것뿐 만이 아니라
또한 미지의 것이 될 수 있는 속으로 가는 것이다.

307.

사랑.
명상은 직접 가르칠 수 없다.
왜냐하면 그것은 기계적 기술이 아니라 살아 있는 예술이기 때문이다.

도고(Dogo)에게는 소신(Soshin)이라는 제자가 있었다.

소신은 명상의 기술을 배우기 위해 스승을 오래 기다렸다.

그는 학생들이 학교에서 배우는 식의 수업을 기대했다.

그러나 특별한 교육은 없었다.

이것이 제자를 당황하게 만들었고 실망하였다.

어느 날 그는 스승에게 말하였다.

"제가 여기 온 이래 오랜 시간이 흘렀습니다.

그러나 명상의 핵심에 대해

제게 한 마디 말씀도 해 주지 않으셨습니다."

도고는 이 소리를 듣고 한껏 웃으면서 말했다.

"무슨 소리를 하고 있는 것인가, 애야.

너의 도착 이래로 나는 그 문제에 대해

계속 말을 하고 있었다."

이 소리에 가엾은 제자는 더욱 당황하였다.

한 동안 그는 무슨 소리를 해야 할지 생각도 할 수 없었다.

그러던 어느 날

그는 용기를 모아 스승에게 질문했다.

"어떤 수업을 제게 주셨습니까, 스승님?"

도고가 말하였다.

"그대가 아침에 차 한 잔을 가지고 왔을 때

나는 그것을 받았다.

그대가 식사를 가지고 왔을 때

나는 그것을 받았다.

그대가 나에게 절을 하였을 때
나는 고개를 끄덕이며 화답했다.
어떤 식의 명상 교육을 너는 기대했느냐?"
그는 머리를 숙이고 스승이 한 말에 대해서 생각하기 시작했다.
이것을 보고 스승이 다시 말하였다.
"그대가 나를 보기 원한다면 즉시 똑바로 보아라.
왜냐하면 그대가 생각하기 시작할 때
그대는 요점을 함께 잃을 것이기 때문이다."

308.

사랑.
명상하라, 기도하라 그리고 기다려라.
어떤 것도 바라지 마라.
왜냐하면 그대 안에
그대 자신의 힘보다 더 강한 힘이 있기 때문이다.
그러나 그것은 그대가 쉬고 있을 때만 작동한다.

309.

사랑.
중심에 있을 때 자유로워져라.

중심이 쉬고 죽게 내버려 두라.

단지 주변이 되게 하라.

이것이 내가 알고 있는 유일한 포기이다.

그가 중심에서 자유롭지 못한 한

어떤 인간도 자유로울 수 없다.

그러면 삶은 분노가 아니다.

그러면 삶은 혼돈이 아니다.

왜냐하면 자아 없이, 중심 없이 존재할 수 있는 지옥은 없기 때문이다.

310.

사랑.

그대 내 말이 들리는가?

그대 나를 볼 수 있는가?

나는 문 앞에 서 있다.

그대의 문을 두드리고 있다.

나는 두드리고 있다.

왜냐하면

다른 삶에서 다른 나이에서 약속이 이루어졌기 때문이다.

311.

사랑.
혼자 있는 것처럼 대중 속에 있으라.
반대도 마찬가지이다.
혼자 있을 때
동일한 태도로 손님을 맞아라.
혼자 있을 때
손님을 맞는 동일한 태도를 유지하라.
이런 식으로 방울은 바다 속으로 떨어진다.
잘 때
그대가 마지막 잠을 자듯이 자라.
일어날 때
다시 태어나듯 일어나라.
이런 식으로 바다는 방울로 떨어진다.

312.

사랑.
텅빔은 진실로 텅빔이 아니다.
차라리 그것은 전부이다.
그것은 부정이 아니다.
차라리 긍정 그 자체이다.

그것으로부터 모든 것이 나왔다.

그것으로 모든 것이 돌아간다.

그것은 모든 존재의 기초이자 근원이다.

그러므로 내가 텅빔을 이야기 할 때 마다

나는 단순한 텅빔을 의미하지는 않는다.

나에게 텅빔은 어떤 것의 부재가 아니다.

그것은 텅빔 그 자체의 현존이다.

지금 그대는 그것을 이해할 수 있다.

왜냐하면 그대 자신이 그 안에 있기 때문이다.

그것은 그대 안에 있다.

한 학생이 조슈(Joshu)에게 물었다.

"스승님, 우리 마음을 텅 비게 만드는 법을 가르쳐 주십시오.

그러나 저는 마음에 아무 것도 가지고 있지 않습니다.

지금 무엇을 어찌 해야 합니까?"

"그것을 당장 버리거라!"라고 스승이 답했다.

그러나 나는 아무 것도 가지고 있지 않다.

어떻게 내가 그것을 버릴 수 있는가?

만일 그대가 그것을 버릴 수 없다면 그것을 실행하라.

그것을 몰아내라.

그것을 비워라.

그대 마음에 아무 것도 갖지 않고 내 앞에 서 있지 마라.

313.

사랑.
시간이 날 때마다 이리 와라.
그대는 환영 받을 것이다.
조금 더 나와 함께 머물러라.
내가 도와주겠다.

그대에게는 어려운 일이 될 것이다.
왜냐하면 그대는 그대 자신을 완전히 내려놓아야 하기 때문이다.
그러나 그것은 불가능하지 않다.
그대는 특별히 더 그렇다.
왜냐하면 나는 그대 안에서 때를 기다리고 있는
커다란 잠재성을 보아 왔다.

그대와 함께라면 많이 불가능해 보이는 것도 가능하다.
폭발하기를 갈망하는 씨앗이 있다.
그 갈망은 그대 탐구의 근원이다.
그 갈망은 현재 그대의 긴장이다.
그것의 갈망은 그대가 내일일 자유일 것이다.
존재는 그곳에 있다.

존재는 만일 그대가 그렇게 원한다면
따라 올 것이다.
끝날 때까지 그것의 요구를 따르라.

명상을 하라.
결과를 구하지 마라.
그것들은 때가 되면 스스로 올 것이다.
시간은 무르익었다.
그대는 여전하다.

명상이 그대를 성숙하게 하라.

314.

사랑.

삶은 나눠져 있지 않다.

그러나 마음은 그것을 나눠진 것처럼 보이게 만든다.

이 분열이 모든 문제를 만들어낸다.

분열에 유의하라.

항상 그것들 너머를, 그것들 아래를, 그것들을 통하여 보라.

그러면 그대는 모든 파도에도 불구하고

바다를 볼 수 있게 될 것이다.

파도는 바다에 있다.

그러나 파도는 바다가 아니다.

바다는 파도 없이 있을 수 있다.

그러나 파도는 바다 없이 존재할 수 없다.

315.

사랑.

마음은 이중성이다.

명상은 하나이다.

선가에서는 그것을 '하나의 칼'이라 부른다.

쿠수노키 마사히게(Kusunoki Masahige)가

아시카가 타칸지(Ashikaga Takanji)의

다가오는 군대를 만나려 할 때 그는 절에 와서 스승에게 물었다.

"사람이 삶과 죽음 사이에 있습니다. 우리는 어찌하면 좋습니까?"

스승이 답했다.

"그대의 이중성을 잘라라.

하나의 칼이 하늘에 대하여 그 스스로 차분하게 서도록 하라."

316.

사랑.

진짜는 그대의 사고나 욕망이나 본능과 싸우는 것이 아니다.

왜냐하면 그것은 부정이기 때문이다.

부정은 소용이 없다.

진짜는 의식 안에서, 명상 안에서 성장하는 것이다.

왜냐하면 그래야 어떤 다툼 없이 이길 수 있다.

다툼을 통해 이기는 것은 진정한 승리가 아니다.

왜냐하면 억압된 것은 반복해서 억압될 것이기 때문이다.

다툼을 통해서는 끝이 없다.

다툼을 통해서는 더 많은 다툼만이 양산될 뿐이다.

어떤 다툼이나 싸움, 억압 없는 승리가 있다.

그 승리는 의식에 있어 긍정적 성장을 통해 온다.

그대 자신과 다투지 마라.

의식 안에서 이해와 침묵 안에서 성장하라.

부정적이고 병적인 것은 그 스스로 물러날 것이다.

스즈키(Suzuki)가 한 이야기를 한다.

치 시츠(Chi Hsing Tzu)가 자신이 모시고 있는 왕자를 위해 싸움닭을 기르고 있었다.

10일이 지나자 왕자가 물었다.

"준비 되었는가?"

치가 대답했다. "아직 아닙니다. 준비가 안 되었습니다."

그는 여전히 분노로 흥분된 상태이다.

다시 10일이 흘러 싸움닭에 대해 물었다.

치가 대답했다. "아직 아닙니다."

그는 다른 싸움닭의 그림자나 그들이 우는 소리를 들을 때마다

그는 경고하였다.

다시 10일이 흘렀다.

왕자로부터 추궁이 오자 치가 대답했다.

"아직 충분하지 않습니다.

그 안에 자리한 싸움감각이 깨어날 준비가 되어 있습니다."

다시 10일이 흘렀다. 치는 닭에 대한 문의에 대답했다.

"그는 거의 준비되었습니다."

그가 다른 닭이 우는 소리를 들었을 때

그는 흥분하지 않았다.

그는 지금 긍정적으로 되고 있다.

그는 미묘한 내적 의식 안에서 성장하고 있다.

지금 그는 나무로 만든 것을 닮고 있다.

그는 너무 조용하고 침묵하고 있다.

그의 성품은 통합적이다.

어떤 싸움닭도 그를 이길 수 없다.

이긴다는 것은

그는 싸우지 않아도 된다는 것이다.

왜냐하면 다른 싸움닭은 그로부터 즉시 도망갈 것이기 때문이다.

그들은 지금 그와 맞설 수 없다.

진실로 그것은 그렇게 증명되었다.

그는 싸움 없이 모든 싸움에서 승리하였다.

그대는 그대 자신과 이처럼 할 수 있다고 말한다.

치의 닭으로부터 비밀을 배워라.

317.

사랑.

모든 것은 원래 그래야 하는 대로 발생한다.

그대가 여기서 도망쳐서가 아니라

그대가 그렇게 예측 가능하리라고는 결코 생각해 본 적이 없어서

나는 놀랐다.

그대가 도망친 것은 여기로부터가 아니다.

그대로부터 도망치려 하는 노력은 공허하다.

불가능하다.

어떻게 사람이 자신으로부터 도망칠 수 있는가?

그러나 명상에서는 어떤 순간이 온다.

필연적으로 온다.

마음이 불가능한 것을 노력할 때이다

마음에게 이것은 최후의 방어적인 행위이다.

명상은 궁극적으로 마음에게는 자살이다.

물론 마음에게는 기회가 주어져야 한다.

그대는 그것을 주었다.

명상은 그대 자신을, 벌거벗은 그대를 직접 만나는 것이다.

이것은 두려움과 도망치고자 하는 무용한 노력을 만들어 낸다.

노력은 소용이 없다.

왜냐하면 한 때 알려진 것은 무엇이든

영원히 알려진 것이기 때문이다.

그대는 나이 든 무지한 사람이 다시 될 수 없다.

되돌아 갈 방법이 없다.

다리는 없다.

이 탈출은 그대를 더욱 성숙하게 만들어 준다.

그대는 그것을 통해, 그것 때문에

더욱 강해져서 돌아 갈 것이다.

자 이제 하늘 아래서 바다 옆에서 편히 쉬거라.

내가 거기 있을 것이다.

그대가 쉴 때마다 그대는 나의 현존을 느낄 것이다.

그대가 돌아오고 싶다면 그렇게 하라.

곧 그대는 이것을 느낄 것이다.

나는 그대를 위해 영원히 여기서 기다릴 것이다.

와라.

그대 자신을 향한 기나긴 여정을 계속하라.

318.

사랑.

도제기간은 매우 힘드나 가치 있는 것을 나는 알고 있다.

그러므로 계속 유지하라.

그것은 지난한 것이다.

그러나 사람은 모든 것을 위해 지불해야 한다.

훌륭한 보석을 얻기 위해 그대가 할 수 있는 다른 방법은 없다.

그대는 그것을 여러 생 동안에 갈망해 왔다.

지금 시간이 무르익었다

열쇠는 그대에게 주어졌다.

용기를 잃지 마라.

보석을 얻기 위해 가는 길은 어렵다.

왜냐하면 그것은 우리 마음의 무의식 층에 숨어 있기 때문이다.

만일 그대가 어떤 접경 지역에 있을 때,

예를 들어 잠에서 깨어날 때 혹은 잠이 들 때 쉬울 것이다.

그러므로 저녁과 아침이 아마도 명상을 위해 최고의 시간일 것이다.

그대는 마음이 잠에서 깨어날 때

다른 한 쪽의 기능을 닫고 다른 쪽을 완전히 여는데

보통 15분 정도 소요된다는 것을 알 것이다.

이것이 왜 꿈이 깨어난 후에

그대의 기억보다 길게 지속되지 못하는 이유이다.

마음이 잠이 들려 할 때

그것은 다시 동일한 입구를 지나는 것이다.

이 입구를 의식하라.

왜냐하면 내부의 보물을 찾는 자들에게는 매우 의미 있기 때문이다.

이 입구는 미지의 세계로 가는 문이다.

이 입구, 깨어 있음과 잠의 이 간격은

명상을 위해 반드시 사용되어야 한다.

이 간격을 의식하라.

차이의 목격자가 되어라. 그대는 변형될 것이다.

319.

사랑.

그대에게 무슨 일이 일어나는지 나는 알고 있다.

무(無)는 하강한다. 텅빔은 증가한다.

그것을 환영하라.

그것이 오는 것을 기뻐해라.

엑스타시 안에서 춤을 추라.

그것을 환영하는 다른 방법은 없다.

그대가 더 춤을 출수록 더 그대는 죽을 것이다.

그대가 완전히 죽을 때 그대는 새로 태어날 것이다.

그 순간은 가까이, 매우 가까이 바로 저 모퉁이에 있다.

그대는 입구-폭발을 통하여 지나쳤다.

이제 궁극을 맞을 준비가 되어 있다.

강이 바다로 떨어지기 전에 자신을 바라보듯 이

한 번 더 그대 자신을 보아라.

왜냐하면 바다로 떨어진 후에

아무도 볼 수 없을 것이다, 아무도 보이지 않을 것이다.

320.

사랑.

명상이란 무엇인가?

휴윤(Hsu Yun)이 말했다.

"명상은 아래에 놓여 있다."

그러나 '놓여 있다.'라는 것은 무엇인가?

그대 자신을 놓아라. 왜냐하면 아무 것도 덜할 것이 없기 때문이다.

그대는 죽은 자 옆에 있어 본 적이 있는가?

만일 그대가 사자(死者)를 꾸짖고자 한다면

그는 아무 반응이 없을 것이다.

만일 그대가 그를 막대기로 때린다면 그는 아무 반응이 없을 것이다.

그도 역시 모든 사람이 한 때 빠졌던 동일한 것에 탐닉했다.

그 역시 명성과 부를 갈망했다.

그러나 지금 그는 어떤 갈망도 없는 상태이다.

지금 그는 어떤 결정을 하지도 않는다.

모든 것을 내려놓은 상태이다.

만일 그대가 이 내려놓은 상태에 있을 수 있다면

살아 있어라.

그대는 명상 속에 있는 것이다.

321.

사랑.

사물과 사물에 대한 집착을 버려라.

그대의 주먹을 완전히 펴라.

왜냐하면 쥠은 고통이기 때문이다.

멈춰라!

붓다가 외쳤다. 그러나 미친 마음은 멈추지 않는다.

만일 그것을 멈춘다면 그것이 깨달음이다.

322.

사랑.

혼자 있는 것을 사랑해라.

다른 어떤 사원은 없음을 기억하라.

323.

사랑.

우주를 향해 그대를 닫지 마라.

모든 창과 문을 열어 두어라.

모든 것이 자유로이 드나들게 하라.

왜냐하면 그리고 나서야 그대는 진리를 받을 수 있게 될 것이다.

324.

사랑.
자아는 사람뿐 아니라 쥐 등 모든 곳에서 미묘한 역할을 한다.

거만한 코끼리가 경멸스럽게 쥐를 내려다보면서 말했다.
"너는 내가 본 중에서 가장 작은 동물이다."
"나는 항상 이와 같지는 않다. 지금 병들어 그렇다."라고
쥐가 찍찍거렸다.

325.

사랑.
요가는 이미 죽어 버렸다. 왜냐하면 모방 때문에 그렇다.
사람은 진짜인 어떤 것을 모방할 수 없다.
진짜는 항상 즉각적이다.
사람은 그것으로 점프할 수는 있으나 그것을 연습할 수는 없다.

어떤 연습도 마음에 속하고, 마음이 하는 것이다.
마음은 과거이고 죽은 것이다.
마음은 점프하는 것이다.

마음 밖으로 나오는 것은 폭발이다.

그러므로 마음과 그것의 계략을 의식하라.

마미야(Mamiya)는 명상을 배우기 위해 훌륭한 스승을 찾아갔다.

스승은 그에게 유명한 공안(公案)에 집중하라고 말했다.

"한 손의 소리란 무엇인가?"

마미야는 되돌아 가 1주일 후에 머리를 절레절레 흔들며 되돌아왔다.

그는 답을 얻을 수 없었다.

"나가라! 그대는 열심히 노력하지 않았다.

그대는 여전히 돈과 음식과 쾌락을 생각하고 있다.

만일 그대가 죽는다면

그대는 대답을 배울 수 있을 것이다.

그것이 더 나을 것이다."

다음 주 마미야는 다시 스승을 찾아 갔다.

스승이 그에게 물었다.

"자, 한 손의 소리는 무엇이냐?"

그는 가슴을 움켜쥐고 신음소리를 내며 죽은 자처럼 쓰러졌다.

"음, 그대는 내 충고를 받아 들여 죽었다.

그러나 소리는 어쩔 것인가?"라고 스승이 말했다.

제자가 한 눈을 뜨고

"아직 답을 찾지 못했습니다."라고 말하였다.

"죽은 자는 말을 하지 않는다. 일어나 나가라!"라고 스승이 말했다.

326.

사랑.

우리는 정착이 불가능한 곳에 정착했다.

우리는 집을 지었다. 반면 떠돌아다님은 우리 의식의 본성이다.

우리는 가능하지 않은 것을 하고 있다. 그래서 고생하고 있다.

그러나 아무도 책임을 지고 있지 않다.

우리는 공허와 싸우다 패배한다.

공허가 강해서가 아니라 그것은 아니기 때문이다.

이제 일어서서 방의 빈 공간과 싸우라.

그러면 그대는 인간 마음의 온전한 어리석음을 알 수 있을 것이다.

그런 다음 앉아서 자신을 향해 웃어라.

웃음이 가라앉으면 침묵하고 안으로의 여행을 시작하라.

그러면 그대는 깊은 신비를 알 수 있게 될 것이다.

그 신비라고 하는 공허는 밖에 있는 것뿐 아니라 안에도 있다는 사실이다.

327.

사랑.

죽음은 도처에 있다.

그러나 모든 사람은 죽음은 그를 위한 것이 아니라며 자신을 속인다.

이것이 가장 커다랗고 깊은 인간 마음의 기만이다.

만일 이 사실을 끊임없이 의식하지 않으면

우리는 이 기만의 희생이 되기 쉽다.

왜냐하면 마음은 끝까지 매우 아름답고 논리적인 합리화를 하기 때문이다.

나는 90살 먹은 사람에 대한 이야기를 들었다.

그는 어떻게 한 켤레의 신발이 만들어져야 하는지에 대해

신발 만드는 사람과 거친 논쟁을 벌였다.

"자, 봐라. 그렇게 불만을 이야기 하는 것이 무슨 의미가 있겠느냐?

그대는 90살이 지났다.

나이가 많아 이 신발을 신고 밖으로 나갈 수 있을 기회가 적다."

나이 든 사람은 신발 만드는 사람을 근엄하게 바라보며 말했다.

"외형적으로 90살이 지나서도

죽은 사람이 매우 적다고 통계가 증명하는 것에 대해

외형적으로 그대는 의식하지 못하고 있다."

328.

사랑.

정보는 지식이 아니다.

왜냐하면 정보는 변형이 아니다.

결코 그럴 수 없다.

지식은 변형은 통해서만 온다.

정보는 동일한 오래된 마음에 어떤 것을 덧붙이는 것이다.

그것은 양적이다.

질적인 변화는 없다.

왜냐하면 그것 뒤의 마음은 동일한 채 남기 때문이다.

이것이 내가 교육이라 불리는 모든 것은 피상적으로 드러나는 이유
이다.

마음은 질적 변화를 통해야 한다.

그렇지 않으면 지혜는 없다.

무지에 정보를 더하는 것은 치명적이다.

나는 마음의 전체적 변화를 위한 방법을 명상이라 부른다.

먼저 마음의 질적 변화가 있게 하라.

그러 다음의 교육이 효과가 있을 것이다.

옛날 어떤 나라의 왕에게 근심이 있었다.

왜냐하면 그의 아들이 바보였기 때문이었다.

왕의 신하들은 왕자는 학문과 지혜를 얻기 위해 다른 나라에 있는
좋은 대학에 보내야 한다고 재촉했다.

왕은 동의했다.

아들은 수년 동안 열심히 공부해

가능한 모든 것에 대해 배웠으며 집으로 돌아가게 해 달라고 하는 부탁의 편지를 썼다.

왕은 동의했다.

아들이 왕궁에 도착했을 때

왕은 엄청 기뻐했다.

커다란 연회가 준비되었다.

왕국의 뛰어난 사람들 모두가 초청되었다.

연회의 끝에 현인들 중 한 명이 왕자에게

그가 배운 것을 물었다.

왕자는 그가 배운 대학 교과과정을 이야기하였다.

왕자가 이야기하는 동안 성인은 손가락에서 반지를 빼내 그것을 자신의 손가락으로 덮고 왕자에게 물었다.

"지금 내 손에는 무엇이 있습니까?"

왕자가 잠시 생각하더니 말했다.

"가운데 구멍이 있는 둥근 물체입니다."

성인은 이와 같은 지혜에 놀랐다.

"아마 왕자는 현자가 되었나 보다."라고 생각했다.

"그것의 이름은 무엇입니까?"라고 다시 물었다.

왕자는 잠시 심사숙고 하더니 대답하였다. "내가 배운 학문으로는 당신의 질문에 대한 대답을 구할 수가 없습니다.

그러나 내 상식은 내게 그것은 수레바퀴라고 이야기하고 있습니다."

성인은 대답을 듣고 자신에게 결론 내렸다.

"그대는 바보를 가르칠 수 있으나 그를 생각하게 만들 수는 없다."

329.

사랑.
그렇다, 길이 있다.
그러나 대부분 그것을 찾기 위한 의지가 부족하다.
멀지 않다.
말하자면 바로 저기 골목에 와 있다.

의식적이든 그렇지 않든 모든 인간은 그것을 바란다.
실제 삶의 전체는 그것에 대한 갈망이다.
왜냐하면 그것 없이는
도달할 수도, 꽃 필 수도, 충만도 없기 때문이다.

그러나 소수의 사람이 그것을 찾는다.
그리고 여전히 더 적은 사람이 제대로 그것을 찾는다.
그리고 여전히 더 적은 사람이 그것을 발견한다.
그리고 그것을 발견한 모든 사람이 들어가지 않는다.
단지 소수만이 들어간다.
그리고 여전히 더 적은 사람이 발전적으로 그것을 따른다.
자신의 온 존재로 그것을 따르는 사람들은 그 길이 목표 그 자체임
을 깨닫는다.

330.

사랑.

마음과 명상은 동일한 실체의, 동일한 에너지의 두 개 이름이다.

마음은 이중성 안에, 다툼 안에, 편안하지 않음 안에 흐르는 에너지
이다.

명상은 그 자체가 하나인 편안함의 일원적인 에너지이다.

사고는 이중성 없이 가능하지 않다.

이래서 명상은 그대에서 사고를 넘어서라고 요구한다.

사고가 없는 순간 혹은 사고라는 단 하나의 물결은 통합된다.

질적 변화가 있다.

사고 없는 에너지는 차원 없는 차원으로 가는 문을 열어 준다.

그러므로 깨달음이나 불성(佛性)조차 추구함을 자제하라.

왜냐하면

어떤 추구와 함께 사고라는 기계가 작동하기 시작하고 이중성을 만
들어 낸다.

331.

사랑.

단 한 순간도

신성에 대한 탐구를 잊지 마라.
왜냐하면 시간은 항상 짧고 해야 할 일은 많고
게다가 마음은 흔들리고 있기 때문이다.
이것을 기억하라.
그대가 할 수 있는 한
이 사실을 항상 의식하라.
간격 사이에는 힐끗 봄이 있다.
자신을 힐끗 봄, 마음 없는 상태를 힐끗 봄이 있다.
사람은 사랑하는 사람의 문으로 가기 전에
마음의 흔들림을 완전히 초월해야 한다.
마음이 없는 상태가 문이다.
문은 멀리 있지 않다.

그러나 구도자는 잠들어 있다.
마음은 잠이다.
이것이
왜 그대의 의식이 무관심한 순간에 주의를 갖기 전에
통과하는 모든 것에 주의해야 하고 신경 써야 하는 이유이다.

지속적인 의식을 통해
영적인 잠은 부서질 것이다.
그대는 변형될 것이다.
이것이 그대의 잠재성이다.
이것이 모든 사람의 잠재성이다.

그대를 위한 시간이 무르익었다.

그러나 씨는 씨인 채로 남아 죽는다.
기회는 날아가 버릴 수 있다.
그대는 그대가 되어야 하는 것에서 자유로이 선택할 수 있다.
아니면 그대가 되어서는 안 되는 것이 될 수도 있다.
인간은 죽느냐 사느냐가 자유이다.
이것은 영광이자 짐이다.
자유는 책임감을 의미한다.
그러므로 주의해야 한다.
만일 그대가 그대의 잠재성인 그것이 될 수 있다면
만일 그대가 그대의 충만함 속에서 꽃필 수 있다면
거기에 축복이 있을 것이다.
거기에 엑스타시가 있을 것이다.
그렇지 않으면 손 안에 재가, 가슴에 분노가 있을 것이다.
궁극적으로 모든 것은 그대에게 달려 있다.
천국이 혹은 지옥이 될 수도 있다.
그대, 오직 그대만이 그것에 대해 책임질 수 있다.
그러므로 주의하라.

나의 축복은 늘 그대와 함께 한다.

332.

사랑.

형이상학은 어린애 같은 호기심에서 나왔다.

그것은 유치함으로 남아 있다.

모든 궁극적 대답은 어떤 의미에서는 어리석다.

왜냐하면 궁극적인 것은 알려지지 않은 것이고

알 수도 없는 것이기 때문이다.

성숙한 마음은 궁극적인 것을 아는 것이 불가능하다는 것을 이해하는 것이다.

이 이해를 가지고 새로운 차원이 열린다.

그것은 존재의 차원이다.

앎은 가능하지 않다.

그러나 존재는 가능하다.

다른 말로 말하면

궁극과의 관계에서

존재만이 앎이다.

이 차원은 종교의 차원이다.

만일 이런 의미에서 사람이 종교적이지 않으면

그는 어리석은 질문을 계속 하며 더 어리석은 대답을 축적한다.

오지의 작은 학교에서

선생님이 칠판에 산수 문제를 설명하고 있었다.

그녀는 가장 공부 못하는 학생이 열중한 채 집중하고 있는 것을 보고 기뻐했다.

그것은 그에게는 드문 일이었기 때문이었다.

그녀의 행복한 생각은 마침내 마른 학생이 이해하기 시작했을 때였다.

그녀가 끝냈을 때 그녀는 그에게 물었다.

"키케로야, 너는 참 흥미로운 친구로구나.

너는 어떤 질문을 할 것이라고 나는 확신한다."

"예, 맞아요. 질문이 하나 있어요.

선생님이 칠판을 닦으면 거기 있던 숫자들은 어디로 가나요?"라고 그 학생이 물었다.

333.

사랑.
어떤 사상, 어떤 것에 매달리지 마라.
왜냐하면 집착은 굴레이다.
만일 그대가 해탈이란 생각에 집착한다면
그대는 굴레에 들 것이다.
집착과 함께 명상은 불가능하다.
왜냐하면 집착은 마음이고 굴레이기 때문이다.
무집착이 명상이고 자유이다.

아무 다리아(Amu Daria)의 책에는 오래된 수피 이야기가 있다.
옛날에 체리를 좋아했던 원숭이가 있었다.
체리를 얻기 위해 나무에서 내려왔다.
그러나 과일이 깨끗한 병 안에 담겨 있는 것을 보았다.
그래서 그는 자신의 손을 병 안으로 넣어 그것을 꺼내고자 했다.
그는 체리를 한 움큼 주먹으로 쥐어 빼내고자 했으나
그렇게 할 수가 없었다.
왜냐하면 병목이 그의 주먹보다 작았기 때문이다.

모든 이것은 고의적이다.
왜냐하면 병 속의 체리는 원숭이 사냥꾼이 쳐 놓은 덫이다.
그는 원숭이가 어떻게 생각하는지를 알고 있었다.

원숭이가 끙끙대는 소리를 듣고 왔다.

원숭이는 도망치고자 하였다.

그러나 사냥꾼이 생각했던대로 원숭이의 손은 병 안에 있었다.

그는 도망칠 정도로 빨리 움직일 수 없었다.

그러나 생각대로 원숭이는 여전히 손에 체리를 쥐고 있었다.

사냥꾼은 그를 잡아들었다.

사냥꾼은 원숭이를 팔꿈치로 강하게 쳤다.

이 때문에 원숭이는 쥐고 있던 체리를 놔야 했다.

원숭이의 손은 지금 자유로워졌으나

그는 포획되었다.

사냥꾼은 원숭이를 잡기 위해 병과 체리를 사용했다.

지금도 그렇게 하고 있다.

이 원숭이 같은 사고는 또한 마음이 작용하는 방법이다.

결국 죽음이, 사냥꾼이 왔을 때

사람들은 자신이 병 속에 갇혀 있다는 것을 안다.

사냥꾼이 오기 전에 그대의 손이 병 밖에 있게 하라!

334.

사랑.

명상 없는 삶이란

태양이 없는, 얼어붙은 꽃, 말라비틀어진 낙엽 사이로 흐르는 바람이 있는 겨울 풍경과 같다.

모든 사람이 그것을 안다.
왜냐하면 모든 사람이 그러한 식으로 살기 때문이다.
비록 어느 누구도 그런 식으로 살 필요가 없지만 말이다.

그러나 왜 이렇게 하는가?
이것은 그렇다.
왜냐하면 삶은 다른 것에 골몰한 마음을 필요로 한다.
명상은 골몰하지 않은 상태를 의미한다.
우리는 우리 자신을 골몰로 몰고 간다.
옅은 존재의 엑스타시를 알기 위해
골몰하지 않은 상태를 필요로 한다는 사실을 망각한다.

사람은 안을 완전히 비워야 한다.
왜냐하면 그리고 나서야 그는 신성을 초대할 수 있는 주인이 될 수
있다.

335.

사랑.
명상은 지식 너머에 있다.
그대는 그것이 될 수 있다. 그러나 그대는 그것을 알 수 없다.

모든 지식은 피상적이다.

그것은 단지 밖에서 얻은 것이다.

그것은 항상 무엇에 관한 것이지

그것 그 자체에 대한 것은 아니다.

중국 황제 우(Wu)가 달마대사를 만나러 왔을 때

그는 "신성하고, 궁극적인 진리란 무엇입니까?"라고 대사에게 물었다.

"아무 것도 신성한 것은 없습니다.

전체가 텅빔입니다. 전하!"라고 대사가 답하였다.

물론 황제는 놀라 다시 물었다.

"현재 내 앞에 서 있는 사람은 누구입니까?"

달마대사가 "모릅니다."라고 답했다.

그대는 그것의 아름다움을 보았는가?

진리를?

순진을?

신성함을?

충만함을?

그것은 얼마나 궁극적인가!

336.

사랑.

하나의 환상에서 다른 것으로 발전하는 것은 아주 쉽다.

왜냐하면 어떠한 근본적인 변형도 필요하지 않기 때문이다.

근본을 흔드는 것이 없다.

왜냐하면 그대는 그대로 남아 있다.

그러므로 진정한 문제도

세속적인 것에서 비세속적인 것으로 욕망의 대상을 변화시킬 수 없다.

그러나 구도자를 어떻게 변화시킬 것인가?

먼저 그것이 어디에 있는지 그것이 무엇인지를 발견하라.

그러면 그대는 숨겨진 비밀을 알 수 있게 될 것이다.

구도자는 구함이 없을 때 단지 존재한다.

어떤 사람이 그것을 찾으러 다닐 때

그것은 결코 찾아지지 않는다.

그것은 무지와 어둠 속에서만 존재한다.

무아의 실현은 점프이다.

미지의 것으로 점프하라.

진리 속으로 점프하라.

337.

사랑.

내가 말하는 것은 무엇이든지 새로운 것도 어떤 것도 오래된 것은 없다.

아니 그것은 둘 다이다.

가장 오래되었고 가장 최신의 것이다.

그것을 알기 위해 그대는 내 말을 들을 필요는 없다.

아침에 새 소리를 들어라.

아니면 태양으로 빛나는 꽃잎이나 풀잎을 들어라.

그대는 들을 수 있다.

만일 그대가 그들을 어떻게 듣는지 모른다면

그대는 내가 하는 말을 이해하지 못할 것이다.

그러므로 진실한 것은 그대가 무엇을 듣는가 하는 것이 아니라 어떻게 듣는가 하는 것이다.

왜냐하면 메시지는 도처에 널려 있기 때문이다.

지금 나는 그대에게 청취의 예술에 대해 이야기할 것이다.

기진맥진해 질 때까지 걸어라 혹은 춤을 추던지 격렬하게 숨을 쉬어라.

그러 다음 땅에 엎드려 들어라.

지칠 때까지 그대 자신의 이름을 크게 반복해라.

그러다 갑자기 멈추고 들어라.

잠이 들 무렵,

잠에 빠지지 않았을 때

외부의 깨어 있음이 사라지고

갑자기 주의하고 들어라.

그러면 그대는 나를 들을 수 있을 것이다.

338.

사랑.

결코 잃어버릴 수 없는 것은 찾아질 수 없다.

그것을 찾는 것은 어리석다.

그러나 이 어리석음이 이해되는 순간

모든 찾음이 스스로 멈춘다.

그래서 나는 "구하라 그러면 그대는 얻지 못할 것이다."라고 이야기한다.

왜냐하면 모든 찾음은 방해물이기 때문이다.

찾음 그 자체는 방해이다.

왜냐하면 그것은 찾는 사람을, 자아를, '나'라는 환상을 만들어내기 때문이다.

구하지 마라. 그러면 그대는 무아를 발견할 것이다.

이 무는 문이다. 문 없는 문이다.

리코(Riko)는 난센(Nansen)에게

병 속의 거위라는 오래된 문제를 설명해 달라고 요구했다.

만일 사람이 어린 거위를 병 안에 넣고

다 클 때까지 먹이를 준다.

그러면 병 안에는 더 이상 그가 있을 공간이 없게 된다.

그러면 병을 깨거나 거위를 죽이지 않고 병에서 거위를 꺼낼 수 있는가?

"리코!" 난센이 소리치며 손뼉 치며 커다란 소리를 내었다.

"예, 스승님!" 리코가 놀라며 대답했다.

"보아라! 거위가 나왔다!"라고 난센이 말했다.

339.

사랑.

명상은 이해를 필요로 하지 노력을 필요로 하지 않는다.

이해는 필수적이나 노력은 그렇지 않다.

그대는 이해를 다른 노력 같은 것으로 대체할 수 없음을 항시 기억하라.

그러나 내가 말하는 이해란 무엇인가?

내가 말하는 이해란 '자연스러운 삶'을 말하는 것이다.

물론 그대는 자연스럽게 되고자 노력할 수 없다.

그것은 자기 모순이다.

그대는 자연스러워질 수 있다.

그러나 자연스러워지는 것을 노력할 수 없다.

그대는 이것을 이해하였는가?

스즈키는 이야기 하나를 한다.

스님 한 명이 나이 먹은 중국 스승 한 명에게 '길은 무엇인가'라고 물었다.

어떻게 나는 그것과 조화로울 수 있는가?

그대가 그것과 조화롭고자 노력한다면

그대는 그것으로부터 벗어나는 것이다.

이것은 사람이 노력하지 말아야 한다는 것을 의미하는가?

아니다. 왜냐하면 그것 역시 노력의 한 방법이기 때문이다.

물론, 간접적으로. 그러나 여전히 의도적이다.

그것 역시 도움이 되지 않는다.

그러나 그 딜레마를 명확히 보라. 그대는 거기서 나올 것이다.

그렇지 않은가?

340.

사랑.

그대의 편지를 받았다.

그대가 떠난 이래로 그것을 매일 기다렸다.

그대가 여기서 먼 곳으로 간 것을 안다.

그러나 지금 그대가 나로부터 멀리 갈 수 없다는 것 또한 안다.

그 가까이 있음이 믿을 수 있는 전부이다.

그대는 비공간적이고 비시간적인 감각 안에서 내 근처로 왔다.

만남은 아무 곳에서도 어느 곳에서도 발생한다.

왜냐하면 그것들은 동일한 것을 의미한다.

진정한 만남은 이러한 식으로만 발생한다.

모든 다른 것은 환상이다.

그대가 필요할 때마다

나를 기억하라.

그대는 나를 찾을 수 있을 것이다. 나는 거기에 있다.

아무 것이나 물어라. 기다려라.

그대는 대답을 얻을 것이다.

장벽은 그대의 마음에서 떨어져 나갔다.

그대는 명상의 상태에 들어왔다.

지금 신성으로 가는 문이 열렸다.

망설이지 마라. 뛰어 들어라.

그대는 완전히 준비되어 있다.

새롭고 미지의 세계로 들어 올 수 있을 정도의 용기를 지녀라.

저 너머로부터의 부름이 도착했다.

지금 도전을 받아 들여라. 그대는 충족될 것이다.

지금 눈을 감아라.
나를 느끼고 나를 보아라.
그대에게 쏟아지는 나의 축복을 받아라.

341.

사랑.
삶을 그렇게 진지하게 받아들이지 마라.
왜냐하면 심각함은 커다란 병이기 때문이다.
병일 뿐 아니라 자살이다.
완전히 즐겨라.
왜냐하면 그것이 제대로의 삶을 사는 유일한 길이기 때문이다.
삶이 유희이다. 그것을 그러함으로 아는 것이 종교이다.
그것을 그러함으로 사는 것이 고행자이다.

만일 그대가 꿈속에서 연기하고 사는 것처럼 연기하고 살 수 있고
그것의 목격자가 될 수 있다면
그대는 도(道)라고 하는 우주적 흐름에 동참하게 될 것이다.
우주적 흐름에 동참한다는 것은 자유롭게 되는 것이다.
그 자유는 자신, 자아로부터의 자유이다.
자아는 심각하고 병이다.

무아의 존재인 도는 축복이며 엑스타시이다.

그것이 내가 왜 그대에게 그처럼 불합리한 이름을 준 이유이다.

그러나 나는 그것을 그대에게 의도적으로 주었다.

나는 그대가 그것과 동일시하지 않도록 하기 위해 그것을 주었다.

그 이름은 너무 불합리해서 그대는 이름 없는 상태로 남을 것이다.

그 뒤에는 아무도 없을 것이다.

타인들뿐 아니라 그대 자신인 그 이름은 그것을 웃을 수 있을 것이다.

스와미 크리슈나 그리스도(Swami Krishna Christ)!

이 얼마나 멋진 이름인가?

꿈 속 드라마에 완전히 어울리는 이름이다.

그렇지 않은가?

그 이름에 편안함을 느껴라.

그것에 대해 웃고, 노래하고 춤을 추어라.

스와미 크리슈나 그리스도가 되어라.

모든 글자는 대문자이다.

그대는 아무도 아님을 항상 기억하라.

그것을 항상 의식하라.

그대는 스와미도 크리슈나도 그리스도도 아니다.

그것이 스와미가 의미하는 바이다.

크리슈나 그 자신은 크리슈나가 아니다.

그리스도는 그 자신은 그리스도가 아니다.

왜냐하면 그들은 이름이 없는, 완전히 이름이 없기 때문이다.

그들은 아무도 아니다. 그것이 그들을 신성하게 만든다.

사람이 자신을 어떤 이름과 동일시하는 순간

그는 자신의 신성을 잃어버린다.

사람은 이름이 혹은 실재가 될 수 있다.

아무도 둘 다 동시에 될 수는 없다.

진실로 이름이 되어라.

그대의 실재는 상실될 것이다.

진실로 실재가 되어라.

그대의 이름은 단지 꿈(maya)이다.

스와미가 된다는 것은 얼마나 말도 안 되는 일인가!

그러나 이 말도 안됨에 편안함을 느낀다면

그대는 그것을 초월할 것이다.

그러니 감각적이 되려고 노력하지 마라.

그렇지 않으면 그대는 어떤 감각도 갖지 못할 것이다.

왜냐하면 오직 어리석음만이 감각적이 되려고 노력하기 때문이다.

존재는 불합리하고 의미가 없고 비이성적이다.

이것이 그것이 아름다운 이유이다.

그 안에 있다는 것은 이러한 축복이다.

342.

사랑.

인간은 자유로이 결정할 수 있다.

그러나 결정하지 않는 것에서는 자유롭지 못하다.

왜냐하면 결정하지 않는 것은 결정하는 것이기 때문이다.

망설이는 것은 결정하는 것이다.

미루고 피하는 결정은 결정하는 것이다.

방법이 없다.

사람은 '예' 혹은 '아니요'라고 말해야 한다.

'아니요'라고 말하는 수 천 가지 방법이 있다.

그러나 '예'라고 답하는 것에는 단지 한 가지만 있다.

전혀 말하지 않을 방법이 없다.

이것이 인간이 처한 상황이다.

진리 추구자들은 그것을 의식하고 있어야 한다.

그렇지 않으면 삶은 불필요하게 낭비될 것이다.

단 한 순간을 잃더라도 다시 얻을 수 없다.

우리는 그토록 많은 삶을 낭비해 왔다.

그러므로 결정하는 것을 결정하라.

변형과 초월을 결정하라.

그 결정과 함께 결정체(結晶體)가 온다.

그러면 사람은 미지의 세계로 점프할 준비가 되는 것이다.

343.

사랑.
한 여행자가 여관에 머물렀다.
그는 여기서 묵으며 음식을 먹었다.
그렇게 하자마자 그는 짐을 꾸려 다시 여행을 시작했다.

여관 주인으로 말하자면
그는 아무데도 갈 곳이 없다.

머물지 않는 사람은 손님이다.
머무는 사람은 주인이다.
자, 그대는 누구인가?
손님인가? 주인인가?

명상하라.
대답은 필요가 없다.
차라리 깨달아라.
왜냐하면 모든 대답은 손님에 속하기 때문이다.
깨달음만이 주인의 것이다.

그러나 나를 믿지 마라. 나는 그대를 속이고 있는지도 모른다.
안으로 들어 와 그대 스스로 찾아라.

344.

사랑.
명상은 만능 열쇠이다.
그것은 무한이라는 문을 열 수 있다.
그것은 미지의 신비를 잠글 수 있다.
그러나 그것을 사용하지 않고
소유하는 것만으로는 아무 것도 얻을 수 없다.

이드리에스 샤(Irdries Shah)가 한 수행자에게 말했다.
"아들 한 명이 있는 현명하고 부유한 사람이 있었다.
그는 아들에게 말했다.
내 아들아, 여기 보석으로 만든 반지가 있다.
이것을 내 후계자의 표식으로 갖고 있거라.
그것을 후손에게 물려 주거라.
그것은 보기도 좋고 가치도 있다.
그것은 부자가 될 수 있는 어떤 문을 열 수 있는 추가적 기능을 가지고 있다."

몇 년 후 그는 다른 아들을 얻었다.
그 아들이 나이가 어느 정도 차자
그 아버지는 다른 반지를 주며 첫 째 아들에게 해 주었던 조언을 그 아들에게 하였다.
이 후 얻은 세 째 아들에게 그리고 마지막 아들에게도 같은 말을 하였다.

시간이 흘러 아버지가 죽고 아들들은 성장하여
차례차례 자신이 후계자임을 주장하였다.
왜냐하면 모두 반지를 하나씩 갖고 있었기 때문이었다.
아무도 확실히 어느 것이 가장 가치 있는 것인지 말하지 못했다.
모든 아들들에게는 자신들의 추종자가 있었다.
그들은 모두 자신들이 지지하는 아들의 반지가 더 가치가 있고 아름답다고 주장하였다.
그러나 이상한 점이 있었다.
그것은 부자로 가는 문은 심지어 그들의 가장 친한 지지자들에게도 닫힌 채 남아있었다.
그들은 모두 후계자 문제에만, 반지의 소유와 가치,
그리고 아름다움에만 골몰해 있었다.

단지 소수의 사람만이 죽은 아버지가 이야기 한
보물창고로 가는 문에 대해 생각하고 있었다.
반지는 마법의 힘을 가지고 있다.
비록 그것들은 열쇠이지만
그것들은 보물창고로 가는 문을 여는데 직접 사용할 수는 없다.
의도 없이 혹은 많은 집착 없이
그것들이 가진 특성 중 하나를 바라보는 것만으로도 충분하다.

이것이 행해지자

바라보고 있던 사람들이 보물이 어디 있는지

단지 반지 겉만 문에 접촉함으로써 그것을 열 수 있는 것을 이야기할 수 있었다.

보물은 다른 성질을 가지고 있었는데 고갈되지 않는다는 것이었다.

한편 세 형제의 지지자들은

다소 다른 방법으로 반지의 장점에 대한 조상들의 이야기를 반복하였다.

첫 번째 그룹은 그들은 이미 보물을 발견하였다고 생각했다.

왜냐하면 그들은 열쇠를 갖고 있기 때문이었다.

두 번째 그룹은 그것은 우화라고 치부하며

자신들을 위로했다.

세 번째 그룹은 문을 열 가능성을

먼 곳으로 외져서 상상할 수 있는 미래로 옮겨 놓았다.

따라서 그들에게 현재 아무 것도 없었다.

그대는 이 세 개의 그룹 중 어느 하나를 선택할 모든 가능성이 있다.

왜냐하면 찾기 시작하는 자는 누구나

항상 이 셋 중 어느 하나의 덫에 빠질 가능성이 있기 때문이다.

진실로 이것은 명상으로부터 그 자체를 구할 수 있기 위해

마음이 할 수 있는 세 개의 기본 계략이다.

그러므로 이러한 오래된 계략을 주의하라.

345.

사랑.

생각하지 않고, 평가나 판단하지 않고,

좋아하거나 싫어하거나 없이 그대 자신을 보아라.

그것은 마음의 어떤 움직임도, 마음의 소음도 없는 것이다.

그대의 눈과는 다른 눈을 그대는 갖고 있다.

왜냐하면 그것들은 과거와 연관을 가지고 있지 않다.

그것들은 순진하고 침묵이다.

이 침묵 안에는 관찰자도 관찰 당하는 자도 아니다.

그러나 그것이다. 나눠지지 않은 일자(一者)이며

시작도 없고 끝도 없다.

그대는 그것을 신이라 열반이라 다른 어떤 것이라고 부를 수 있다.
이름은 중요하지 않다.
왜냐하면 이름은 사물이 아니기 때문이다.
사람이 그 사물을 안다면
그것의 가치에 대해서는 개의치 않는다.

346.

사랑.
내일부터 다음 명상을 시작하라.
이것은 명령이다.
이제 그대는 완전히 나의 것이다.
그대에게 명령하는 것 이외에는 다른 어떤 것을 할 수 없다.
필요한 것들이다.
그것을 기쁘게 하라.
그것을 편안하게 하라.
즐겁게 하라.
목욕을 하고 아침에 하라.

명상 방법이다.
첫 번째.
깊고 리듬감 있게 숨을 쉬라.
10분 동안 빠르게 말고 천천히 말이다.

두 번째.

리듬감 있게 천천히 춤을 추라.

10분 동안 그 안에서 흐르는 것처럼 엑스타시 상태가 되어라.

세 번째.

'후-후-후'와 같은 큰 주문을 사용하라.

10분 동안 진지해지지 마라. 긴장하지 마라.

네 번째.

눈을 감고 침묵하라.

움직이지 말고 춤을 추라.

그렇게 하고 싶으면

서라. 앉아라. 누워라.

단 죽은 것처럼 하라.

가라앉는 마음을 느껴라.

내려놓고

10분 동안 전체 안에서 있어라.

추가 요구사항이다.

하나.

신성에 취해 엑스타시 상태로 하루 종일 살아라.

침체가 내부에 일 때마다

크게 웃어라.

이유 없이 웃어라. 광기를 받아 들여라.

둘.

자기 전에 10분 동안 '후-후-후'라는 주문을 외워라.

그런 다음 자신을 향해 크게 웃어라.

셋.

깨어 있다 생각

10 분 동안 '후-후-후'라는 주문을 외워라.

진심으로 웃으며 하루를 시작하라.

넷.

내가 그대와 늘 함께 함을 늘 기억하라.

347.

사랑.

모든 것은 아무 것도 원하지 않는 인간에게 속한다.

아무 것도 갖지 않고 그는 삶에서 모든 것을 가지고 있다.

모든 것을 포기함으로써 그는 모든 것의 스승이 된다.

그러나 왜?

왜냐하면 그의 텅빔으로 들어가는 것은 신성으로 들어가는 것이기 때문이다.

348.

사랑.
겸손하게 경이 속에서 살아라.
그러면 명상은 저절로 찾아올 것이다.
쉬어라. 그러면 엑스타시가 있을 것이다.
그러나 노력이 필요하다.
왜냐하면 이것이 완전히 실패하지 않으면
그대는 노력 없는 상태가 되지 않을 것이다.

349.

사랑.
생각과 함께 섞이기 전에 마음을 의식하라.
혹은 두 사고 사이에 간격을 의식하라.
그대는 그대 자신을 만날 것이다.
이 만남은 신성과의 만남이다.

350.

사랑.
붓다가 말하였다.

"마음이 일어나지 않는다면
모든 것은 비난할 여지가 없다.

더 말하여질 것이 있는가?
이것조차 모든 것을 비난할 정도로 충분하다."

351.

사랑.
눈은 멀었다.
사람은 마음으로 안을 들여다보아야 한다.
그러므로 눈을 믿지 마라.
마음을 믿으라.
그것을 통해 바라보아야 함을 기억하라.
그러면 그대는 믿기 어려운 것들을 알게 될 것이다.

만일 사람이 믿기 어려운 것을 알지 못한다면
그는 전혀 알지 못하는 것이다.

352.

사랑.

내부 신체인 사람을 항시 기억하라.

걷거나 앉거나 먹거나 어떤 것이라도 하라.

걷지도 앉지도 먹지도 않는 자를 기억하라.

모든 행위는 표면이다.

모든 행위 너머에 존재가 있다.

그러므로 함에 있어서 하지 않는 자를,

움직임 속에서 움직이지 않는 자를 주의하라.

어느 날 물라 나스루딘의 부인이 큰 쾅! 소리를 듣고 그의 방으로 달려갔다.

"아무 걱정하지 말아요. 그것은 단지 내 망토가 바닥에 떨어진 것이다."라고 물라가 부인에게 말했다.

"뭐라고요? 왜 그렇게 큰 소리가 나죠?"라고 부인이 말했다.

"내가 그 때 그 속에 들어 가 있어서 그렇다."라고 물라가 말했다.

353.

사랑.

한 스님이 다이슈 에카이(Daishu Ekai)에게 열반이 무엇인지에 대하여 물었다.

"자신을 악순환에 들지 않게 하는 것이 커다란 열반이다."라고 대답했다.

"그러면 삶과 죽음의 혹은 쾌락이나 고통의 악순환이란 무엇입니까?"라고 스님이 물었다.

스승이 답했다.
"그것은 열반을 바라는 것이다."

이제 침묵하고 열반을 바라는 것이 의미하는 바를 느껴라.
내가 그것에 대해 생각하는 것을 말하지 않음을 기억하라.
왜냐하면 생각하는 것은 그것을 놓치는 것이다.

그것을 느껴라.
그것을 느껴라.
그것을 느껴라.

354.

사랑.
이 세상에 모든 것은 뒤집혀 있다.
명상하는 사람은 모든 것을 바로 위치시켜야 한다.

사람은 삶이 아니라 죽음을 알려고 노력해서는 안된다.
삶의 신비는 그에게 드러날 것이다.
사람은 안전을 요구해서는 안된다.

불안은 전혀 없다.

부난(Bunan)은 다음과 같은 시를 썼다.
죽은 사람처럼 살면
철저하게 죽은 사람이 된다.
그대가 좋아하는 식으로 행동하라.
왜냐하면 모든 것이 좋기 때문이다.

355.

사랑.
물질 지향주의 사회는
속이 빈, 안에 죽은 텅빔을 가진 인간을 양산한다.
왜냐하면 이 죽은 텅빔 때문에
사람은 진실로 태어나기도 전에 사망한다.

사람은 물건으로만 살아갈 수 없음을 기억하라.
오늘 날 성(聖)스러운 것 중 성스러운 것은 물건이다.

내부의 풍부함 없이 밖은 의미가 없다.
외부의 풍부함은 단지 내적 가난을 두드러지게 할 뿐이다.
인간은 내적 성장이 없기 때문에 속이 비었다.
내적 성장은 그가 내부에 거주할 때만 이루어진다.

안을 향함은 성장과 영광과 신의 길이다.

356.

사랑.

어떤 사고를 억압하거나 그것과 다투지 마라.

그렇지 않으면 그대는 그것 없이 결코 존재할 수 없을 것이다.

그것과 싸워라. 그리고 그대는 그것을 더 초대할 것이다.

그것을 억압하라. 그것은 두 배의 힘으로 되돌아 올 것이다.

나는 들었다.

어떤 사람이 여성을 위해 어떤 것을 광고했다.

그러나 머리말을 "남자 전용"이라 내 보냈다.

그 광고를 우연히 마주친 90,000명의 여성 중에서 89,994명이 그 광고를 읽었다.

나머지 6명은 맹인이었다.

357.

사랑.

신성을 지적으로 인식하는 것은 불가능하다.

그것이 왜 지성이 그것을 거부하고

그것에 대한 가상의 시스템을 만드는 이유이기도 하다.

그것은 평범한 부정보다 더 위험한 것이다.

마음은 알려진 것의 영역에서만 작동한다.

그것은 알려진 세계 너머를 초월할 수 없다.

마음에게 미지의 세계는 아니기 때문이다.

앗따르(Attar)는 말한다.

그대는 지금 이 상태에 있는

그대의 진정한 자아에 대해 아무 것도 알지 못한다.

그대는 벌집 속의 왁스 같다.

그것은 불이나 홈통에 대해 무엇을 알겠는가?

그러나 그것이 왁스로 만든 초나 빛을 발할 때

그것은 알 수 있다.

358.

사랑.

삶은 탐정 이야기가 아니다.

그대는 사건을 추론할 필요가 없다.

삶은 그대의 눈앞에서 하늘만큼 열려 있고 태양만큼 깨끗하다.

그대의 병든 사고에서 나와라.

눈을 떠라.

아무 것도 숨겨진 것은 없다.

숨겨진 것조차 그때에는 숨겨진 것이 아니다.

나는 셜록 홈즈(Sherlock Holmes)와 왓슨(Watson) 사이의 대화에
대해 다음과 같이 들은 적 있다.

홈즈: 아, 왓슨! 나는 그대가 겨울 속옷을 입은 것을 보았네.

왓슨: 놀랍군요! 홈즈. 놀랍습니다!

　　　당신은 어떻게 그것을 유추하였습니까?

홈즈: 음. 그대는 바지를 입는 것을 잊었다네.

359.

사랑.

삶은 흐르고 있다.

그것은 기다리지 않는다.

그러나 마음은 생각한다. 그러므로 시간을 잡아먹는다.

존재하기 위해서 시간은 필요하지 않다.

생각하기 위해서 시간이 필요하다.

존재 안에서 시간은 존재하지 않는다.

그렇게 보일 뿐이다.

왜냐하면 마음과 그것의 생각 때문에 그렇다.

존재는 시간 속에 있는 것이 아니라 영원 속에 있다.

그것은 지금 영원히 존재한다.

과거도 미래도 아니다.

단지 현재만이다. 그것도 아니다.

왜냐하면 과거나 현재 없이

그것을 현재라 부르는 것은 의미가 없기 때문이다.

마음으로 살지 마라.

그렇지 않으면 그대는 항시 뒤에 쳐질 것이다.

왜냐하면

삶은 결코 그대를, 그대의 소위 마음을 기다리지 않는다.

그것이 왜 마음은 항상 무엇인가 부족한 것처럼 느끼는 이유이다.

왜냐하면 그것은 삶 그 자체를 항상 놓치고 있기 때문이다.

한 번은 스승이 제자들에게 말했다.

만일 그대들이 한 마디라도 한다면

나는 그대를 위해 30대를 때리겠다.

만일 그대들이 한 마디도 안 한다면

마찬가지로 30대를 때리겠다.

자, 말해라, 말해라.

한 제자가 앞으로 나왔다.

그가 스승 앞에서 절을 하려 할 때

스승이 그를 때렸다.

제자는 항의했다.

나는 한 마디 말도 안 했고 스승님은 저에게 말하지 않도록 허락하지도 않으셨습니다.

왜 때리십니까?

스승이 웃으며 말했다.

만일 내가 그대와 그대의 언어나 침묵을 기다리면

그것은 너무 늦을 것이다.

삶을 기다릴 수 없다.

360.

사랑.

괴테는 죽을 때 울었다고 알려져 있다.

빛, 빛, 더 많은 빛을 다오.

미구엘 우나모노(Miguel Unamono)는 그의 '아니다(no)'에 응답했다.

왜냐하면 우리는 어둠 때문이 아니라 추위 때문에 죽는다.

그러나 나는 그대에게 우리는 추위나 어둠 때문에 죽는 것은 아니
라고 말한다.

우리는 삶에 대한 탐욕 혹은 죽음에 대한 두려움 때문에 죽는다고
나는 말한다.

그것은 동일한 것을 다른 방법으로 말하는 것이다.

죽음을 삶에 반대되는 것으로 여기지 마라.

왜냐하면 그렇지 않기 때문이다.

끝을 위해 그것을 미루지 마라.

왜냐하면 그것은 두려움을 낳는다.

매 순간 과거에 죽어라.

그러면 매 순간 그대는 신선하고, 젊고 새로 탄생할 것이다.

거기에는 항상 빛이 있을 것이다.

왜냐하면 그 어둠은 빛이 되고 따스함이 될 것이다.

왜냐하면 오직 죽은 과거만이 차갑다.

현재는 항상 따스하다.

361.

사랑.

인간은 목적이 아니라 수단이다.

인간인 존재의 두 영역에 존재하는 진실로 존재가 아니라 단지 긴장이다.

인간은 단지 다리이다.

그것이 왜 그가 자신에 만족하지 못하는 이유이다.

그의 가슴은 불만족을 늘 누르고 있다. 그의 그 존재는 분노에 차 있다.

종교는 그가 지금 있는 대로의 그 자신을 넘고자 하는 인간의 희망이다.

그것이 왜 내가 인간은 결코 비종교적이 될 수 없다고 말하는 이유이다.

그것은 불가능하다.

그는 그러한 척 할 수 있다. 그러나 그는 그럴 수 없다.

종교는 어떤 우연적이고 부차적인 것이 아니다.

그것은 인간의 바로 그 본성이다.

인간은 자신을 초월하고자 하는 욕구가 없다면 아무 것도 아니다.

그는 자신 아래로 내려 갈 수 있다.

혹은 위로 갈 수도 있다.

그러나 그는 그 자신인 채 남을 수 없다.

그것이 왜 거기에 안정이 없다고 말하는 이유이다.

362.

사랑.

꿈을 의식적으로 명상을 위한 도구로 사용하라.

의식적으로 꾸는 꿈은 인식의 새로운 문을 열 수 있음을 잘 알도록 하여라.

누워서 쉬어라.

꿈꾸라. 그러나 잠에 떨어지지는 마라.

의식적인 채 남아라.

기다렸다가 관찰하라.

그대 마음에 떠오르는 어떤 것이든 꿈을 꾸라.

미리 계획을 짜지 마라.

아무 것이나 꿈을 꾸라.

왜냐하면 꿈속에서 온 세계가 그대 것이다.

그대 마음 대로 그대의 존재를 꿈꾸라.

꿈꾸고 만족하라.

그대의 꿈에 만족하라. 왜냐하면 그들이 그대이기 때문이다.

그대의 꿈처럼 아무 것도 그대 것이 될 수 없음을 기억하라.

왜냐하면 그대 자신은 꿈의 존재이기 때문이다.

또한 그대의 희망으로 인해 그대의 꿈이 그대의 꿈속에서 현실이
되었다.

그러나 동일시하지 마라.

목격자가 되어라.

의식으로 남아라.

그러면 갑자기 꿈이 없는 상태가 될 것이다.

단지 그대 그리고 빛이 있을 것이다.

363.

사랑.

나 없이 그대는 그 문을 통과할 수 없다고 그대는 나에게 편지를 썼다.

나와 함께 그대는 문을 통과할 수 없음을 나는 알고 있다.

그러나 그대는 그렇게 할 필요가 없다.

그대는 나와 함께 혹은 나 없이 그 문을 통과할 필요가 없다.

왜냐하면 내가 문이기 때문이다.

나는 아무도 아니다.

그러므로 어떻게 그대는 나와 함께 혹은 나 없이 있을 수 있겠는가?

아무도 아닌 사람만이 그 문이 될 수 있다.

그 문은 텅빔을 의미한다.

왜냐하면 그 문은 아무 것도 아니다.

그러나 통과해야 할 공간이다.

나를 통과해 지나가라.

나와 같이는 아니다.

그러면 알 것이다.

나는 밖에서 보면 어떤 사람처럼 보인다.

그러나 그대가 내 안으로 더 깊이 들어올수록

그대는 나를 발견하기가 더 어려울 것이다.

결국에는 아무도 없다.

364.

사랑.

걷지 않는 것처럼 걸으라.

서 있지 않는 것처럼 서 있어라.

앉아 있지 않는 것처럼 앉아라.

그러면 그대는 그대 안에서

어떤 것이 완전히 새롭게 일어나고 있음을 느낄 수 있을 것이다.

이것이 진짜이다.

가짜는 그대가 걷고 서 있고 앉아 있는 것이다.

진짜는 그대가 이러한 그러함 안에 머무는 것이다.

이것을 느껴라. 바로 이 순간을.

왜냐하면 그것을 미룰 필요가 없기 때문이다.

만일 그대가 그것을 미룬다면 그대는 그것을 영원히 미루는 것이다.

왜냐하면 진짜에게는 내일이 없기 때문이다.

그것에게는 거기가 없다.

그것은 항시 지금 여기이다.

365.

사랑.

그대는 ~으로부터 자유롭게 되고자 하는 욕망에 더욱 더 깊이 묶일 것이다.

왜냐하면 자유는 부정이 아니다.

자유는 '어떤 것으로부터'나 '어떤 것을 위한'것이 아니다.

자유는 긍정적이지도 않다.

자유는 부정과 긍정을 초월하는 것이다.

자유는 이중성으로부터의 자유를 의미한다.

'찬성'이나 '반대'가 어디에 있는가?

무엇에 대해 반응하는가?

무슨 반란?

반응은 지혜가 아니다.

반란은 옛것의 계승이다.

그러므로 싸우지 말아야 함을 이해하라.

싸움을 통해 사람은 어떤 것을 언제 얻는가?

고통을 제외하고, 패배를 제외하고?

그러므로 도망가지 마라. 깨어 있으라.

도망은 도망을 낳을 뿐이다.

그러함에는 끝이 없다.

앎은 자유이다.

두려워 마라. 화내지 마라.

적의를 갖지 마라. 반란을 일으키지 마라.

단지 앎만이 자유이다.

오쇼에 대하여

오쇼는 1931년 12월 11일 인도 마댜 쁘라데시(Madhya Pradesh) 꾸츠와다(Kuchwada)에서 태어났다. 유년기부터 그는 반항적이었고 독립적인 영혼의 소유자였다. 그는 진리를 경험하는 것은 타인에 의해 주어진 믿음이나 지식보다는 스스로 터득해야 함을 주장하였다.

21살에 깨달음을 얻은 후에 오쇼는 공부를 마치고 자발뿌르(Jabalpur) 대학에서 철학을 가르치며 수 년을 보냈다. 그는 인도 전역을 여행하면서 토론이나 정통 종교 지도자들과 공개적인 논쟁 등을 하였다. 그는 전통적인 믿음에 많은 회의(懷疑)를 가졌으며 수많은 종류의 사람들과 만남을 가졌다. 그는 믿음 체계와 현대인의 심리에 대해 이해의 폭을 넓히고자 아주 광범위하게 독서를 하였다.

1960년대 후반 즈음 오쇼는 자신이 개발한 독특한 다이나믹 명상법을 개발하기 시작하였다. 그는 현대인은 과거의 오래된 전통과 현대의 삶의 방식이 주는 근심에 너무 부담을 느끼고 있다고 이야기 한다. 따라서 무사고와 명상을 통한 쉼의 상태를 발견하기를 희망하기 전에 깊은 순화의 과정을 거쳐야 한다고 주장하였다.

일을 진행하면서 오쇼는 인간 의식의 개발에 대한 실제적인 모든 측면에 대해 이야기하였다. 그는 현대인들의 영적 의구심에 무엇이 중요한 요점들을 정제하였다. 이러한 일련의 실험은 지적 이해에 기반을 둔 것이 아니라 자신의 실존적 경험에 기반을 둔 것이었다.

그는 어떠한 전통도 따르지 않았다. "나는 완전히 새로운 종교 의식의 시작이다. 부탁하건대 나를 과거와 연관시키지 마라. 그것은 기억할 가치조차 없다."라고 그는 말한다. 전 세계로부터 온 그의 추종자와 구도자들과의 대화는 600권 이상 출판되었고 30여개 이상의 언어로 번역되었다. "나의 메시지는 교리나 철학이 아니다. 나의 메시지는 연금술이자 변형의 과학이다. 있는 대로 죽기를 원하는 자들은 어떤 새로운 존재로 다시 태어날 것이다. 그것이 무엇인지에 대해서는 현재 그대들로서는 상상할 수 없을 것이다. 용기를 가진 아주 극소수만이 내 말을 들을 수 있다. 왜냐하면 듣는 것 그 자체만으로도 위험하기 때문이다."

"들어라, 그대는 새로운 존재로 태어날 수 있는 첫 걸음을 내딛었다. 그러므로 그것은 당신이 자랑할 수 있는 철학이 아니다. 그것은 그대를 괴롭히는 질문에 대해 위로를 받을 수 있을 수 있는 교리가 아니다. 아니다. 나의 메시지는 말로 하는 소통이 아니다. 그것은 훨씬 더 위험한 것이다. 그것은 죽음과 재탄생에 다름 아니다."

오쇼는 1990년 1월 19일 사망했다. 인도에 있는 그의 커다란 공동체는 가장 커다란 영성 훈련 센터가 되어 번성하고 있다. 이 센터에는 명상, 치료요법, 육체노동, 창조적 프로그램 혹은 정신 세계에서의 경험을 위해 전 세계에서 수많은 사람들이 모여들고 있다.

역자 후기

오쇼는 28일째 편지에서 사랑에 대해 아래와 같이 이야기한다.

사랑은 자신을 모든 사람과 함께 나눠 주기를 원하는 것이다.
자신을 무조건적으로 준다는 것,
그것이 사랑이다.
사랑은 물방울이 바다로 흡수되듯이 자신의 존재를 전체에 헌신하는 것이다.

사물은 어느 정도 정의(定義)가 가능하나 추상명사인 사랑은 누구에게나 열린 개념이다.
사람이 살면서 가질 수 있는 가장 소중한 가치를 들라하면 누구나 사랑을 꼽을 것이다.

사랑이 소중한 이유는 무엇일까?
상대를 생각하는 애틋한 마음 때문에?

상대를 위해 전적으로 나를 희생하는 마음 때문에?

사랑이 소중한 많은 이유가 있겠지만
나는 사랑을 지상 최고의 가치로 치는 이유 중 하나가
바로 인간의 본성 중 하나인 에고(ego)를
무아(無我)로 만들어 주는 경험을 사랑이 주기 때문이 아닌가 싶다.

삶이 무한반복이 아닌 1회에 국한됨을
사람들 누구나 잘 알기에
주어진 시간에 최대한 자기를 위해 살고자 다들 애쓰는 와중에
사랑은 그것을 철저히 무(無)로 만들기 때문에
누구나 다 사랑을 최우선 가치로 여기는 것이라 생각한다.

아무쪼록 잠언형식으로 이루어진 이 책을 읽으면서
사랑에 대한 오쇼의 통찰력을
한 사람이라도 더 공유하면서
조금 더 밝고 아름다운 세상을 위한
일말의 도움이나마 되었으면
책을 번역한 이로서
더 큰 보람이 없겠다.

역자 | 이춘호

한국외국어대학교 인도어과를 졸업했다. 한국학대학원(한국정신문화연구원)과 불교원전전문학림 삼학원(가산불교문화연구원)에서 철학을 공부했다. 자미아 밀리야 이슬람미아 대학에서 인도예술사로 박사학위를 취득했다. 한국외국어대학교 인도연구소 책임연구원을 거쳐 영산대학교 인도비즈니스학과 조교수로 근무하고 있다.

논문으로는 '왕권 강화도구로써의 시각예술 – 무갈 세밀화를 중심으로-' 등이 있고 역서로는 『인도조각사』, 『누르자한과 제한기르』 등이 있다.

차 한 잔과 함께하는 사랑의 단상

초 판 인 쇄 ∣ 2018년 3월 20일
초 판 발 행 ∣ 2018년 3월 20일

저   자 오쇼 라즈니쉬
역   자 이춘호

책 임 편 집 윤수경

발 행 처 도서출판 지식과교양
등 록 번 호 제 2010-19호
주   소 서울시 도봉구 삼양로142길 7-6(쌍문동) 백상 102호
전   화 (02) 900-4520 (대표) / 편집부 (02) 996-0041
팩   스 (02) 996-0043
전 자 우 편 kncbook@hanmail.net

본서는 The Rebel Publishing House Pvt. Ltd.(India)에서 1980년 출판되었던
A Cup of Tea를 번역한 것이다. 라즈니쉬가 그의 제자들과 친구들에게 사랑에 대해 쓴
편지를 모아 놓은 것이다.

ISBN 978-89-6764-098-9 03150   정가 27,000원

＊ 이 연구는 2018년 영산대학교 교내연구비의 지원을 받아 수행되었음.